Münster und Westfalen zur Zeit des Westfälischen Friedens

Münster und Westfalen zur Zeit des Westfälischen Friedens

geschildert durch den
päpstlichen Gesandten
Fabio Chigi

STADT MÜNSTE

Stadtmuseum Münster
Salzstraße 28
D – 48143 Münster

Herausgeber im Auftrag der Stadt Münster: Hans Galen
Konzeption und Redaktion: Hans Galen
Übersetzung der lateinischen Gedichte: Susanne Liell
Einführung und Anmerkungen: Herbert Pötter

ISBN: 3-7923-0704-9

Druck und Verlag: Regensberg, Münster 1997

INHALT

1. Fabio Chigi, (1599 – 1667), der Autor der Gedichte

Vorwort

Von 1644 bis 1649 war Fabio Chigi (1655 bis 1667 Papst Alexander VII.) in Münster bei den Verhandlungen, die 1648 zum sogenannten Westfälischen Frieden führten. Seine anstrengenden politischen Verhandlungen als päpstlicher Diplomat hinderten ihn nicht, Land und Leute in Münster und Westfalen genau zu beobachten. Es war für ihn Erholung, diese Beobachtungen in lateinischen Hexametern festzuhalten. Durch seine jungen Freunde Wilhelm und Ferdinand von Fürstenberg wurden die sich auf Münster und Westfalen beziehenden Gedichte mit früheren Gedichten Chigis erstmalig 1654 in Antwerpen veröffentlicht. Eine weitere Auflage wurde in der Hofdruckerei König Ludwig XIV. in Versailles 1656 als großformatige Prachtausgabe gedruckt. Diese ebenso schöne wie seltene Ausgabe dient hier als Vorlage für den lateinischen Text. Das Original wird in der Schausammlung des Stadtmuseums Münster gezeigt. Durch Fabio Chigi erfahren wir anschaulich das, was den Alltag der Menschen in unserer Gegend zur damaligen Zeit ausmachte. Als Landfremder erregte gerade das seine Aufmerksamkeit, was den Einheimischen selbstverständlich und nicht erwähnenswert war. So hören wir von den schlechten Straßen, vom Wetter, vom Wohnen, von der Viehhaltung in der Stadt, von Essen und Trinken und natürlich auch von den Auswirkungen des Krieges und den landespolitischen Verhältnissen.

Das lateinische Original mit seinem häufigen Wortwitz und Wortspiel ist heute nur wenigen zugänglich. Ohnedies sind die originalen Buchausgaben sehr selten anzutreffen. Die sonst sehr gut ausgestattete Universitätsbibliothek in Münster verfügt bis heute noch nicht über die Originalausgabe, die hier Grundlage ist. So war es sehr verdienstvoll, daß Hermann Bücker 1958 im 108. Band der Westfälischen Zeitschrift die auch hier behandelten Gedichte publizierte, übersetzte und mit einem sehr gründlichen Kommentar begleitete. Heute, nach fast 40 Jahren, ist auch diese Ausgabe nicht ohne weiteres zu beschaffen. Ebenso sind die insgesamt in sechs Auflagen gedruckten Nachdrucke, die ohne den Kommentar Bükkers erschienen, längst vergriffen. Als deshalb unlängst der Inhaber des Verlages Regensberg, Herr Lucas, die Anregung zu einer Neuauflage gab, wurde sie vom Herausgeber gerne aufgegriffen. Die nahen Feiern zur 350. Wiederkehr des

Westfälischen Friedens, und das damit verbundene verstärkte Interesse an Münster als Ort der Friedensverhandlungen, ließen es geradezu geboten erscheinen, die Gedichte Fabio Chigis wieder zugänglich zu machen. Dabei erschien es sinnvoll, nicht einfach wieder einen Nachdruck der alten Übersetzung vorzulegen, sondern Chigis neulateinische Hexameter in der Sprache unserer Zeit wiederzugeben. Bücker hatte gemeint, auch die deutsche Übersetzung in die metrische Form von Hexametern bringen zu müssen. Er nahm dabei Unzulänglichkeiten in Sprache, Stil und bei der Genauigkeit der Wiedergabe in Kauf. Der Herausgeber dieser Ausgabe meint, es sei besser, nicht eine Nachdichtung zu versuchen, sondern neben das lateinische Original genaue und gute deutsche Prosa zu setzen. Für diese Art der Übersetzung gewann er Frau Liell, Assistentin am Institut für Altertumskunde, Lateinische Wortforschung der Westfälischen Wilhelms-Universität.

Neu an dieser Ausgabe ist auch die Illustrierung. Von fast allen bei Chigi erwähnten Orten und Personen gibt es zeitgenössische Bilder, in der Regel Kupferstiche. Diese wurden vom Herausgeber mit Unterstützung von Herrn Dr. Pötter für das Stadtmuseum erworben. Viele sind bisher unbekannt geblieben. Die Kupferstiche sind hier als historische Zeugnisse wiedergegeben und vermitteln uns über den Text hinaus originale Anschauung. Das Register des Buches ist so gegliedert, daß Biographien und Ortsbeschreibungen getrennt in alphabetischer Reihe aufgeführt sind. So können die Illustrationen auch unabhängig vom Text studiert werden. Die Bildunterschriften werden unter ihrer Abbildungsnummer im Bildnachweis am Ende des Buches näher erläutert.

Alle, die an dieser Neuausgabe mitgearbeitet haben, würden sich freuen, wenn die Gedichte und die darin enthaltenen Beobachtungen von Fabio Chigi weithin bekannt werden und zum Verständnis der damaligen Zeit und ihrer Menschen beitragen.

Die vorliegende Publikation erscheint als erster Beitrag des Stadtmuseums Münster zur Feier der 350. Wiederkehr des Westfälischen Friedens.

Münster, den 24. Oktober 1996

Hans Galen

Einführung

In den Jahren von 1644 – 1648 rückte Münster in den Mittelpunkt des europäischen Interesses. Das vom 30jährigen Krieg verschonte Münster verwandelte sich für eine Zeitdauer von fünf Jahren in eine internationale Kongreßstadt. Etwa 200 namentlich bekannte Gesandte samt ihrem umfangreichen Gefolge beherbergte die Stadt. Insgesamt dürften sich mehrere tausend Gäste während der Verhandlungen zum Westfälischen Frieden in Münster aufgehalten haben. Unter den zahlreichen nach Münster entsandten Diplomaten befand sich auch der päpstliche Nuntius Fabio Chigi (vgl. Anm. 2), der im Auftrag Papst Urbans VIII. (1623 – 1644) die Rolle eines Friedensvermittlers (*mediator pacis*) einnahm. Geboren am 13. Februar 1599 in Siena studierte er an der dortigen Universität Philosophie, Theologie und Jura, bevor er 1628 in den Dienst der päpstlichen Kurie trat. Er wirkte als Diplomat in Ferrara und Malta und wurde zum Bischof von Nardo in Süditalien ernannt.

Seit 1639 war Fabio Chigi als päpstlicher Nuntius in Köln tätig, wo auf dem sog. Kölner Kongreß die späteren Friedensverhandlungen vorbereitet wurden. Von dort brach er am 14. März 1644 auf und zog nach sechstägiger Reise unter großer Anteilnahme der Bevölkerung in die Stadt Münster ein. Vom 19. März 1644 bis zum 13. Dezember 1649 hielt sich Chigi in Münster auf. Während dieser Zeit wohnte er mit seinem fünfzehnköpfigen Gefolge im früheren Minoritenkloster an der Neubrückenstraße.

In seinen Gedichten schildert uns Chigi neben der Mühsal seiner Anreise, den einzelnen Reisestationen, Unterkunft und Verpflegung auch jene Weggefährten, die ihm auf seiner Fahrt von und nach Münster begegneten und ihn beherbergten. Während seines langjährigen Aufenthalts in der Stadt hat Chigi aufmerksam die Sitten und Gebräuche studiert und in kunstvollen Versen festgehalten. Seine genauen Schilderungen der münsterischen Bevölkerung, der Architektur, der Kleidung, den Eß- und Trinkgewohnheiten geben einen lebendigen Eindruck vom Leben in der Stadt Münster in der Mitte des 17. Jahrhunderts. Es sind die Beobachtungen eines Außenstehenden, der seine Aufmerksamkeit auf scheinbare Alltäglichkeiten lenkt und sie so zu einer kulturgeschichtlichen Quelle ersten Ranges werden läßt. Fabio Chigi, der mehrere Sprachen beherrschte und umfassend gebildet war, zog aufgrund seines hohen Ansehens großes Interesse auf sich. Dies bezeugen seine zahlreichen Freundschaften mit Vertretern des westfälischen Klerus und unter den Gesandten.

In Münster sammelte sich um Fabio Chigi ein Kreis humanistisch gebildeter Männer, die sich insbesondere mit der neulateinischen Dichtung und Historiographie befaßten. Dazu gehörten neben Dr. Bernhard Rottendorff auch Bernhard von Mallinckrodt, Ferdinand von Fürstenberg, dessen älterer Bruder Wilhelm von Fürstenberg und der Benediktinerprior Dr. Adam Adami. Der bedeutendste Schriftsteller unten ihnen war sicherlich der münsterische Arzt Dr. Bernhard Rottendorff (vgl. Anm. 13). Rottendorff verkörpert auf vielfältige Art die barocke neulateinische Dichtung in Münster. Zu seinen zahlreichen Veröffentlichungen gehören epische Gedichte wie die „*Laetitiae reduces*", die die wiedergeschenkte Freudenzeit nach den Schrecken des 30jährigen Krieges zum Inhalt haben. Die 1652 in Münster bei Raesfeld gedruckte Schrift ist dem münsterischen Fürstbischof Christoph Bernhard von Galen (vgl. Anm. 6) zum Amtsantritt gewidmet. Rottendorff verfaßte hierzu panegyrische Verse zum Fürstenlob, die auf dem Porträtstich Galens zu lesen sind (vgl. Abb. 40). Auch für den Osnabrücker Fürstbischof Franz Wilhelm von Wartenberg (vgl. Anm. 15) schrieb er ein Lobgedicht (vgl. Abb. 38). Aufmerksam verfolgte Rottendorff die Verhandlungen in Münster und wandte sich mit einem moralisierenden Friedensapell direkt an die Gesandten. Als Arzt veröffentlichte er medizinische Traktate und betätigte sich auch als Herausgeber wissenschaftlicher Texte. Die besondere Hochschätzung Rottendorffs durch Fabio Chigi belegt das ihm persönlich gewidmete Gedicht über den münsterischen Regen. Diese Verse verdeutlichen neben der Sprachgewandtheit auch den Wortwitz Chigis und haben wohl nichts von ihrer Aktualität eingebüßt. Eine besondere Freundschaft verband Rottendorff mit dem münsterischen Domdechanten Bernhard von Mallinckrodt. Für mehrere historiographische Traktate Mallinckrodts steuerte er einige Poemata bei. Der dem Freundeskreis Chigis angehörende Benediktinerprior Dr. Adam Adami verfaßte, ebenso wie Chigi, Kongreßbeobachtungen in lateinischer Sprache. Chigis frühe Liebe zur lateinischen Dichtkunst zeigt sich bereits in seinem Jugendwerk „*Pompejus*", das in der von den Gebrüdern Fürstenberg unter dem Decknamen „*Philomathi Musae juveniles*" 1656 in Paris gedruckten Ausgabe, die hier als Vorlage gedient hat, zusammen mit den Gedichten Chigis enthalten ist.

Fabio Chigi war mit dem Ergebnis der Friedensverhandlungen sehr unzufrieden. Gegen den am 15. Mai 1648 vereinbarten Separatfrieden zwischen Spanien und den Niederlanden und die im Oktober 1648 zwischen dem deutschen Kaiser Ferdinand III. mit Frankreich und Schweden abgeschlossenen Verträge legte er mehrfach schriftlichen Protest ein. Vergeblich versuchte er den Besitzstand der katholischen Kirche zu wahren und wollte deshalb dem Verlust mehrerer Bistümer durch Säkularisierung nicht zustimmen. Die katholische Kirche mußte schließlich die Friedensbestimmungen hinnehmen.

Nach fast sechsjährigem Aufenthalt verließ der päpstliche Nuntius am 13. Dezember 1649 enttäuscht die Metropolis Westfaliae, um zu seiner nächsten diplomatischen Mission weiter nach Aachen zu reisen, wo die Friedensvermittlungen für ein spanisch – französisches Abkommen verhandelt wurden.

Auch nach seiner Abreise aus Münster nahm Chigi weiterhin Einfluß auf die bischöfliche Politik in Münster. 1650 war es bei der Bischofswahl zwischen dem Domdechanten Bernhard von Mallinckrodt und seinem Konkurrenten Christoph Bernhard von Galen zum Streit gekommen. Mallinckrodt, der für sein aufbrausendes Temperament bekannt war, wollte sich mit der Wahl Galens nicht abfinden und focht die Entscheidung an. Galen wandte sich hilfesuchend an Chigi, mit dem ihm seit seinem Aufenthalt in Münster eine enge Freundschaft verband. Der Nuntius setzte sich nach Kräften und mit Erfolg bei Papst Innozenz X. (1644 – 1655) für die Wahl Galens ein.

1651 wurde Fabio Chigi nach seiner Rückkehr nach Rom zunächst zum päpstlichen Staatssekretär ernannt und im Jahr darauf ins Kardinalskollegium berufen. Das Konklave wählte ihn am 7. April 1655 zum Papst; Chigi nannte sich Alexander VII. Als Auftraggeber und Mäzen veranlaßte er trotz leerer Kassen den Neubau und die Ausstattung vieler Kirchen, die das barocke Rom bis heute prägen. Er ließ den Petersplatz mit den halbkreisförmigen Kolonnaden anlegen, die die Besucher Roms umfangen und zum Mittelpunkt der Christenheit in die Peterskirche führen. Fabio Chigi starb am 22. Mai 1667. Der in seinen Diensten stehende Architekt und Bildhauer Giovanni Lorenzo Bernini schuf sein Grabmal im Petersdom.

2. *Der Ausschnitt aus den Circuli Westphaliae von Johann Baptist Homann zeigt Westfalen und das angrenzende Rheinland um 1720. Mit Hilfe der Karte läßt sich die Reiseroute des päpstlichen Nuntius Fabio Chigi bei seiner Anreise von Köln zum Friedenskongreß nach Münster am 14. März 1644 und seine Abreise aus Münster nach Aachen am 13. Dezember 1649 verfolgen. Sämtliche mit rot gekennzeichneten Städte werden in den Gedichten Chigis näher erläutert.*

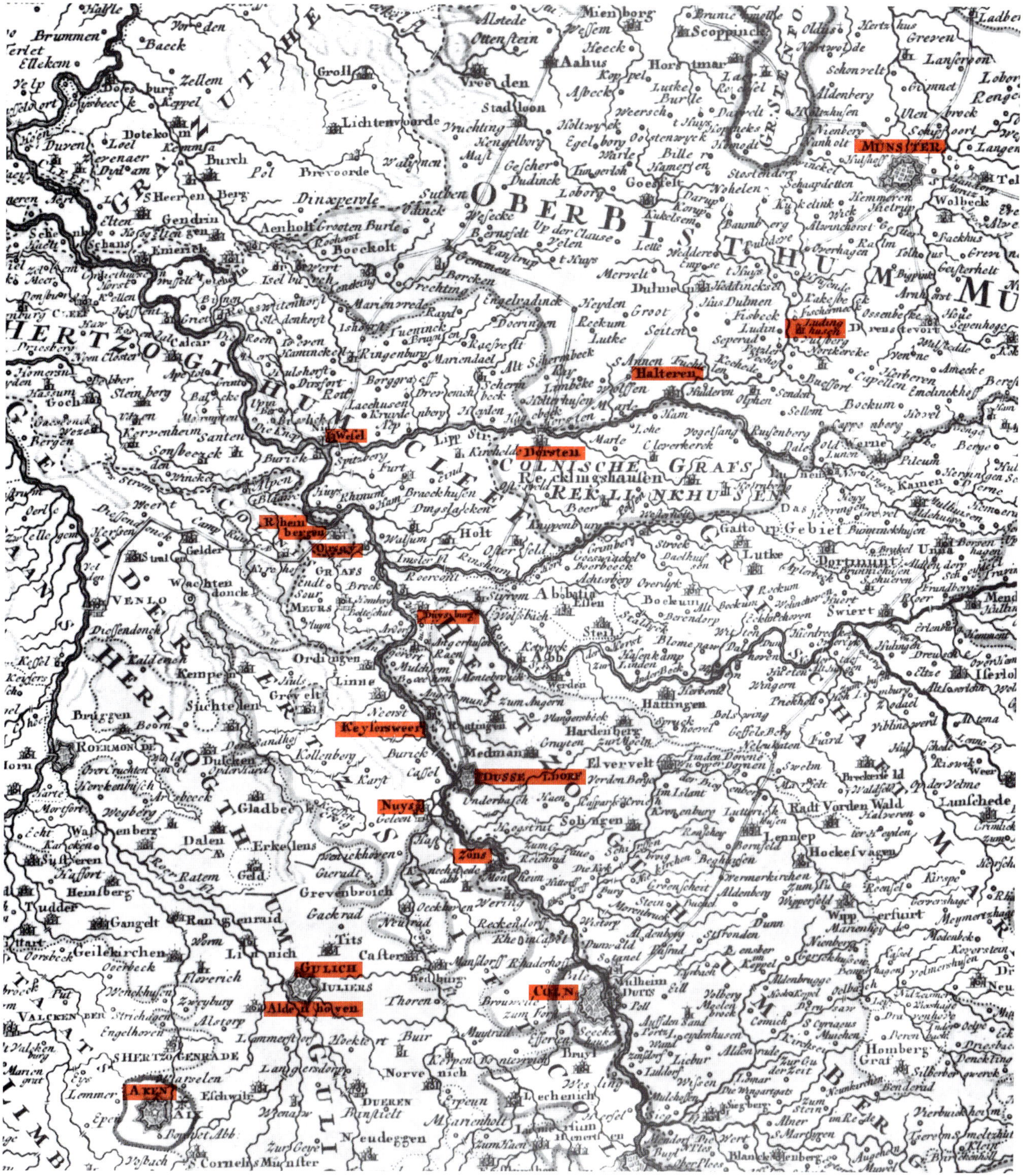

MUNSTER
Luding husen
Halteren
Wefel
Dorsten
Rhein bergen
Orsoy
Duysburg
Keysersweer
DUSSELDORF
Nuys
Zons
COLN
GULICH
Aldenhoven
AKEN
OBER BISTHUM
COLNISCHE GRAFS RECKLINGHAUSEN
HERTZOGTHUM CLEEF
HERTZOGTHUM GULICH
HERTZOGTHUM BERG
ROERMONDE
VENLO
Wefel
Duysburg
Dortmunt
Hattingen
Elvervelt
Lennep
Grevenbroich
Geilekirchen
Heinsberg
Erkelens
Kempen
Gelder
Goch
Santen
Emerick
Boeckholt
Lichtenvoorde
Vreeden
Stadtloon
Aahus
Coesfelt
Dulmen
Haltern
Lunen
Unna
Iserloh

3. Fabio Chigi, (1599 – 1667, seit 1655 Papst Alexander VII.)

LXXXVII.
D. HIERONYMO BONVISO
CAMERÆ APOSTOLICÆ
CLERICO.

Iter Coloniâ Monasterium usque VVestphaliæ M. DC. XLIV. *amico mittit, qui illud querebatur se non accepisse.*

MARTIVS à decimo quartũ numerauerat ortum
Solis, & optatos cælo diuiserat ignes,
Westphalicum succinctus iter cùm Numine fausto
Ordior, inuectúsque tuis Rossette quadrigis,
(Purpureo Rossette Patrum pars digna Senatu)
Excipior ratibus. Veteris linquuntur Agrippæ
Mœnia, nunc Vbiis latè memorata Colonis.
Iam minimas Titan spargebat grandior vmbras,

Die Reise von Köln nach Münster in Westfalen im Jahr 1644

An Hieronymus Bonvisus, der Kleriker der Camera Apostolica[37].

Fabio Chigi[2] schickt den Bericht über die Reise von Köln nach Münster in Westfalen (1644) seinem Freund; der beklagte sich, ihn nicht erhalten zu haben.

Am 14. März begann ich bei Sonnenaufgang meine Reise nach Westfalen. Ich war gut ausgerüstet und reiste mit Gottes Segen.
Nachdem dein Wagen, Rossetti (du würdiger Kardinal!)[12], mich zum Schiff gebracht hatte, ging ich an Bord und wir verließen Köln[26], die Stadt des alten Agrippa[38], heute weithin berühmt durch die ubischen Siedler[39].

4. Carlo Rossetti, (1615 – 1681)

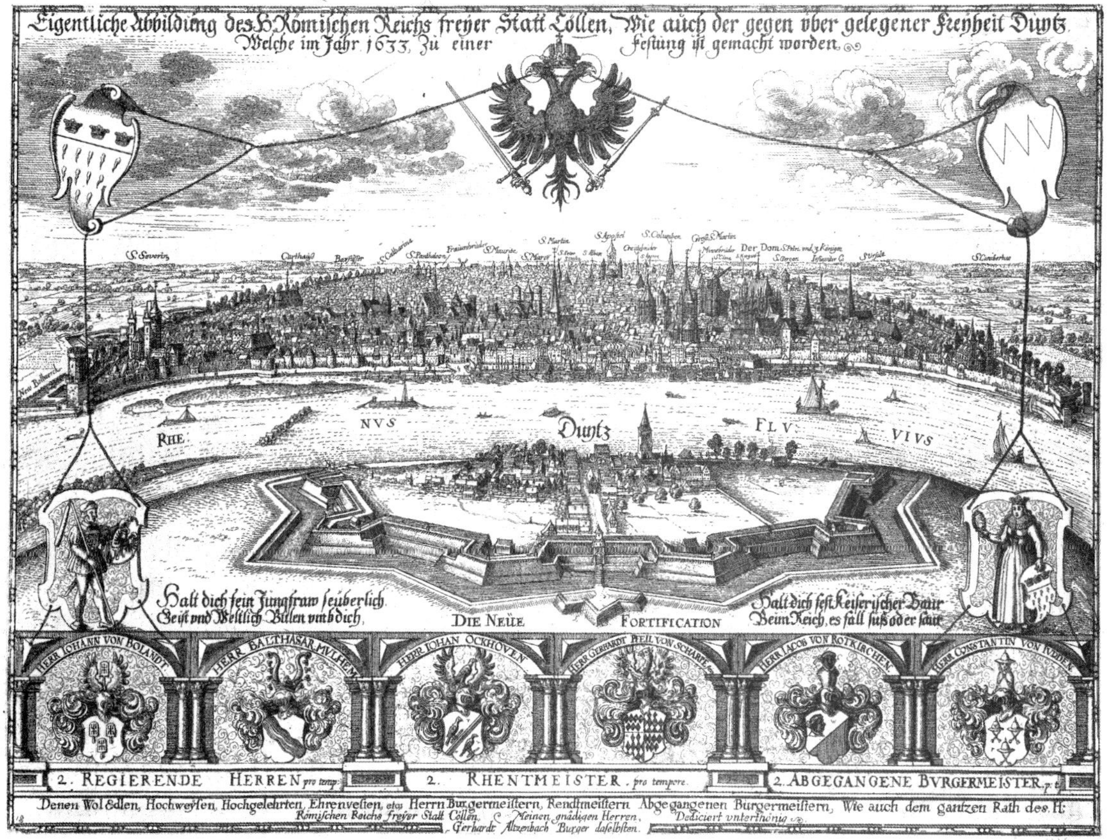

5. *Köln und Deutz*

6. *Zons*

7. Fürstbischof Ferdinand von Bayern, (1577 – 1650, reg. seit 1612)

Cùm nos læua cito deuectos Zonzia Rheno
Vidit, & obſequiis exploſa boantibus auras
Implerunt tormenta: Patrum ſic iuſſerat ipſe
Et Cleri caput, antiquâ de gente Lothari
Eximius Princeps. Nec eodem diſſita longè eſt
Littore Noueſium mordacis nænia vulgi.
Nuſſia Burgundis annum quæ reſtitit vnum,
Nuſſia Farneſio menſem quæ reſtitit vnum,
Illa diem vim Gallorum non ſuſtinet vnum,
Et nunc Haſſorum conceſſa furentibus armis
Paret adhuc. Ripæ dextrâ ſpectabilis arce
Tollitur vrbs, quondam pagus, cui Duſſela parcas
Affuſus largitur aquas, & nomina donat.
Inclytus hîc regnat Boiorum ſanguine Princeps,
Maieſtate vigens, multáque ætate verendus;
Qui celeres ſubmittit equos currúſque; nec ipſe
Segnior occurrens venientem comiter imis
Excepit gradibus, primóque in limine, quartam
Tinnula vicinis cùm turribus æra ſonarent.
Illius imperio iam tum prænobilis Harfe
Miſſus Agrippinam, tanti nos hoſpitis Aulam
Vrſit adire Ducis, mensáque domóque potiri.
Hîc ſtata quæ attulerant cineres ieiunia ſacri
Excuſant cœnam, tenuéſque in corpore vires
Conciliant ſomnum. Alternis ſermonibus aptum
Manè datur; cantus, & multo prandia potu,
Luſtra-

Gegen Mittag passierten wir in schneller Fahrt das linksrheinische Zons[36], wo mit ohrenbetäubendem Lärm Kanonenschüsse zum Salut für uns abgefeuert wurden. So hatte der Landesherr, ein vorbildlicher Fürst aus Lothars altem Geschlecht, der zugleich Kirchenoberhaupt ist, es selbst angeordnet.[4] Nicht weit davon entfernt, auf derselben Rheinseite, liegt Neuss[30]. Diese Stadt kennt nur noch traurige Lieder, ja sie ist selbst eine einziges trauriges Lied, weil grausam mordende Soldaten großes Leid über sie gebracht haben. Dabei hatte Neuss sich früher so tapfer gewehrt: ein ganzes Jahr hatte es sich den Burgundern widersetzt, einen Monat lang dem Farnesen![40] Aber den Franzosen hielt es nicht einen einzigen Tag stand. Zuletzt mußte es auch noch die wütenden Plünderungen der Hessen über sich ergehen lassen und ist jetzt in ihrer Hand!
Auf der rechten Rheinseite erhebt sich eine mächtige Stadt mit einer Burg. Einst war hier nur ein kleines Dorf, dem die ebenso kleine Düssel, die hier fließt, seinen Namen gab: Düsseldorf[20]. Hier herrscht ein angesehener Herzog von bayerischer Abstammung, der sowohl aufgrund seiner würdevollen Erscheinung als auch wegen seines hohen Alters viel Respekt besitzt.[16] Er schickte uns schnelle Pferde und Wagen entgegen, ja war sogar selbst nicht zu träge, uns entgegenzugehen und uns bereits ganz unten an der Treppe herzlich willkommen zu heißen. Unsere Ankunft kann ich zeitlich recht genau bestimmen: die Glocken in der Stadt schlugen gerade 4 Uhr. Übrigens hatte der Herzog uns bereits im voraus eingeladen: auf seine Anordnung kam neulich der Freiherr von Harff[7] zu uns nach Köln und bedrängte uns regelrecht, Gäste des Herzogs zu sein, in seinem Schloß zu essen und zu übernachten. Beim Abendessen ließ ich mich aber entschuldigen, da Fastenzeit war und meine müden Glieder sich nach Schlaf sehnten. Lebhafte Gespräche führt man ohnehin besser am Morgen! Fröhliche Lieder, ein fürstliches Frühstück mit einer großen Auswahl

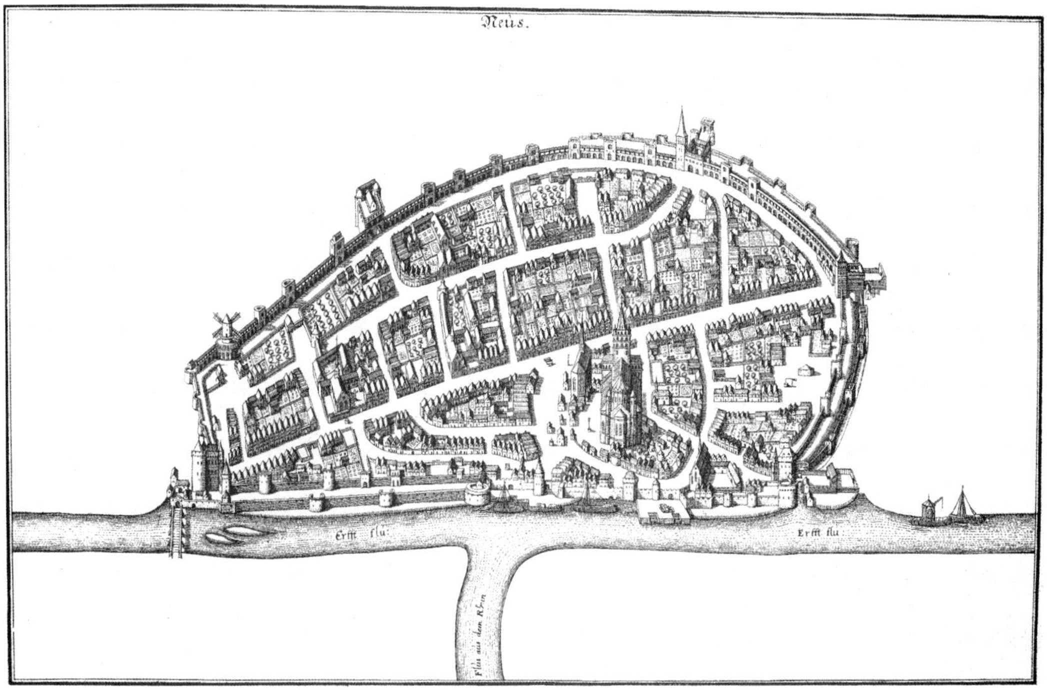

8. *Neuss*

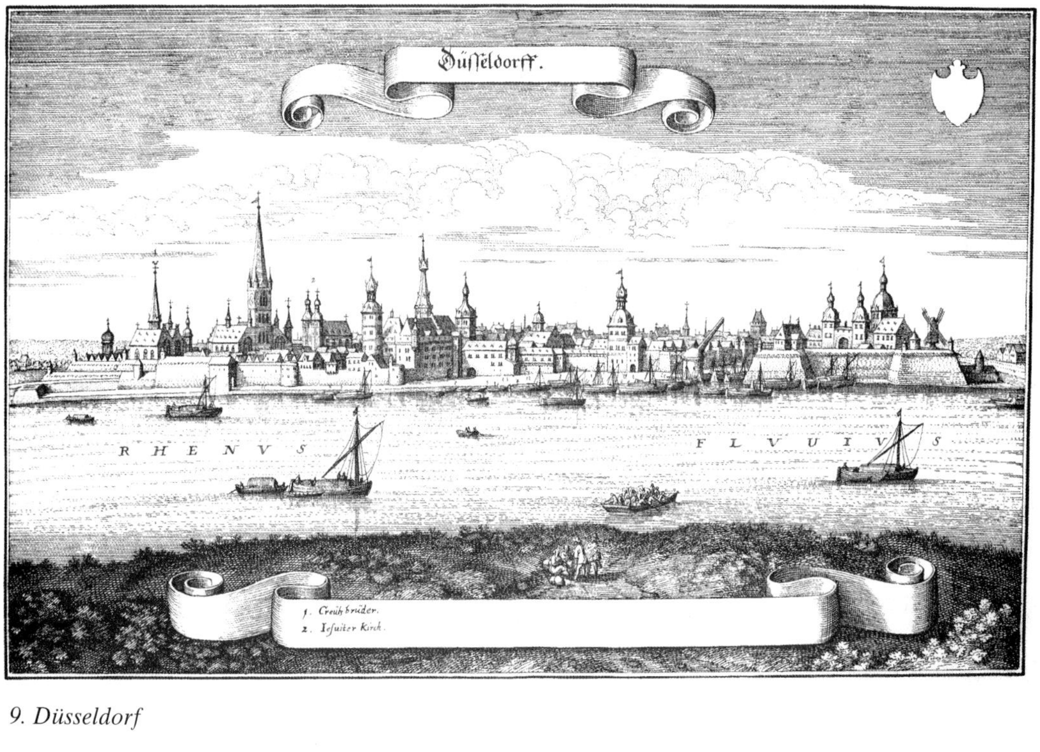

9. *Düsseldorf*

10. Pfalzgraf Wolfgang Wilhelm, Herzog von Neuburg und Jülich – Berg, (1578 – 1653)

11. Kaiserswerth

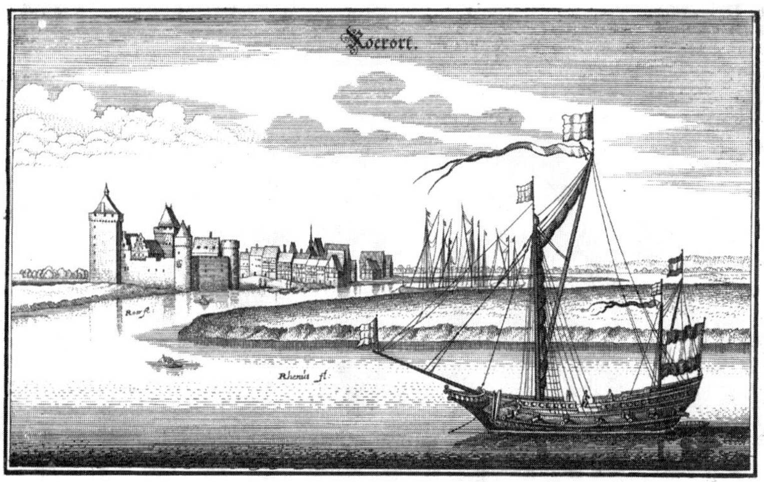

12. Ruhrort

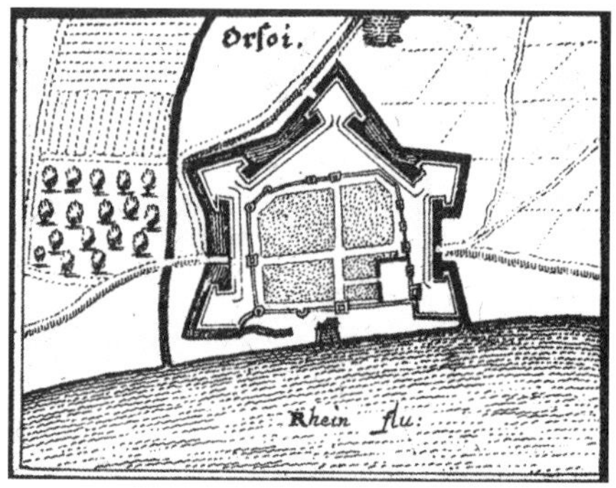

13. Orsoy

Lustratæque ædes, vrbs, & munimina valli
Eripuêre diem: tum primâ luce sequentis
Cedimus; ad nauem Princeps deducit euntes.
Afflabat leuis aura comes; sed turbine cælum
Vertitur: exsurgunt fluctus, clausâque fenestrâ
Cogor ab iratis memet subducere ventis,
Interiore latens fundo: nec Cæsaris vsquam
Insula, Germanis *Keiserswerth*, margine dextro
Visa; nec est *Rurord*, quà Rhenus gurgite vasto
Ruræ sorbet aquas. Montano à Principe pignus
Illam Agrippinæ Præsul tenet; Hassica vis hanc
Possidet. Orsoiæ læuo iacet aggere castrum
Principis Auriaci. Auerso molimine nautæ
Conducunt iumenta, ratem quæ pectore prono
Iuncta trahant, Bergæ Rhenanæ mœnia versus,
Et quà præsidio Wesalia tuta Batauo
Ostentat validas arces. Hîc stertere noctem,
Mox rhedas aptare datur, currúsque, meámque
Lecticam, medióque die discedere; & vmbras
Cùm nox obscuro diffunderet humida cælo,
Tangere Dorstenam, quam Luppia diuidit vndans,
Quæque hilaris facibus, tonitrúque admisit inermi.
Sed muralis honos, caua quo nos æra salutant,
Vulnerat assuetas Musarum cantibus aures.
Illa tamen repetit Præses bellator eunti
Officia inuito, postquam recreata sopore

an Getränken sowie die Besichtigungen des Schlosses, der Stadt und der Wehranlagen ließen den Tag wie im Flug vergehen.

Am frühen Morgen des folgenden Tages reisten wir weiter; der Herzog brachte uns noch persönlich zum Schiff. Erst wehte ein leichter Wind, doch bald schon kam Sturm auf: der Wellengang war so stark, daß ich das Fenster schließen und mich unter Deck vor dem Unwetter in Sicherheit bringen mußte. Daher konnte ich weder irgendwo am rechten Rheinufer die „Kaiserinsel“[41] – zu deutsch: Kaiserswerth[25] – entdecken noch Ruhrort[33], die Stadt, bei der die Ruhr in den Rhein fließt. Der Herzog von Berg hatte diese Stadt an den Erzbischof von Köln verpfändet, aber jetzt haben die Hessen sie in der Gewalt. Die Stadt Orsoy[31] am linken Rheinufer ist in der Hand des Prinzen von Oranien[5]. Um gegen die starke Strömung anzukommen, setzen die Schiffer dort Zugpferde ein, die sich im Gespann mit aller Kraft nach vorn stemmen müssen, um die Kähne vorwärts zu schleppen.

Wir fuhren nun Richtung Rheinberg[32] und kamen schließlich in die Stadt Wesel[35], die sich unter dem Schutz der Holländer sicher fühlt und daher stolz ihre mächtige Burg präsentiert. Hier verbrachten wir die Nacht. Anschließend sollte es auf dem Landweg weitergehen, so daß am nächsten Morgen die Wagen und meine Sänfte bereit gemacht wurden.

Mittags reisten wir ab, und als die Nacht hereinbrach, hatten wir Dorsten[19] an der Lippe erreicht, wo wir mit Fackeln und Kanonenschüssen empfangen wurden. Das Geböller, das die stille Luft zerriß, wollte mir nicht so recht gefallen, auch wenn es eigentlich eine hohe Ehre ist – meine Ohren sind eben nur den Wohlklang schöner Verse gewöhnt. Trotzdem wiederholte der Kommandant – gegen meinen Willen – diese Ehrbezeugung, als wir am anderen Morgen weiterreisten, nachdem wir zuvor nicht nur erholsam gut geschlafen,

14. Prinz Friedrich Heinrich von Oranien, (1584 – 1647)

Membra ſatis, caligáſque ſuas ocreáſque madentes
Quiſque ſibi multam in noctem ſiccauerat igni.
Improba confuſo tempeſtas mixta ſereno
Et dedit & ſiccauit aquas. Dum proximus axi
Iam Phœbus medio dubios effunderet ignes,
Vrgerétque fames, parcis ientacula menſis
Halterena dedit; ſed equis bona pabula largus
Ruſticus appoſuit, fœnique ac diues auenæ.
Nec mora, turbato cælo perreximus vltrà,
Vndantéſque vias pluuiis, ſtagnantiáque arua
Emenſos, rurſum madidos laſſóſque nitente
Sole Ludinghuſæ ſtatio miſeranda recepit:
Hæc tamen Haſſiacis armis tentata potenter
Reſtitit, & ſupereſt proprio ſub milite tuta,
Inſignis templo, & paruâ ſpectabilis arce.
Cœnati modicè feſſos componimus artus.
Dum Phœbus nitido diſiectis nubibus ore
Clarior affulſit, lento nos pergere greſſu
Malumus; atque ideò fumoſa mapalia fortè
Ingreſſos, mixtóſque boui, deſecta nigrantis
Mucida nos iuuit panis conſumere fruſta,
Quem POMPERNIKEL appellat Weſtphala pubes
Vix cibus agricolâ dignus nudóque popello.
Ad quartam nobis rhedæ, quas Cæſaris vltrò
Et Galli Regis Legatus miſerat (ingens
Memmius hic Comitum decus, alto nobilis ille

sondern auch unsere nassen Schuhe die Nacht über am Feuer getrocknet hatten.

Das Wetter blieb ungemütlich; manchmal blinzelte aber auch die Sonne durch die Wolken, so daß der Boden immer im Wechsel naß wurde und wieder trocknete. Mittags war es recht unbeständig, und da wir außerdem Hunger hatten, kehrten wir in Haltern[22] ein. Unsere Mahlzeit war äußerst bescheiden, aber die Pferde wurden von einem großzügigen Bauern bestens mit Futter versorgt: er gab ihnen Heu und Hafer in Mengen!

Nach kurzem Aufenthalt zogen wir auf matschigen Wegen und vorbei an überschwemmten Feldern weiter. Der Himmel blieb bewölkt und die Sonne kam erst hervor, als wir völlig durchnäßt und erschöpft in Lüdinghausen[27] eintrafen. Dort hatte man eine recht armselige Unterkunft für uns vorbereitet.

Lüdinghausen hat ja, als es von den Hessen schwer bedrängt wurde, erfolgreich Widerstand geleistet und ist nun durch eigene Truppen gesichert. Berühmt ist die Stadt vor allem durch die Kirche, sehenswert ist aber auch die kleine Burg.

Nach einem bescheidenen Abendessen gingen wir müde ins Bett, um am nächsten Morgen von strahlendem Sonnenschein geweckt zu werden. An diesem Tag wollten wir unsere Reise ganz gemütlich fortsetzen. So ergab es sich zufällig, daß wir in einer rauchigen Hütte am Wegesrand Rast machten, wo wir praktisch direkt neben dem Ochsen saßen und zur Stärkung nur schimmelige Schwarzbrotscheiben – die Westfalen nennen dieses Brot Pumpernickel – vorgesetzt bekamen. Ein scheußlicher Fraß, den ich selbst Bauern und Bettlern nicht anbieten würde!

Gegen 4 Uhr trafen wir auf Wagen, die der kaiserliche Gesandte sowie der Abgeordnete des französischen Königs[1] uns freundlicherweise geschickt hatten (der eine, Memmius[42], war durch seine imposante Erscheinung der Stolz der ganzen Gesandtschaft,

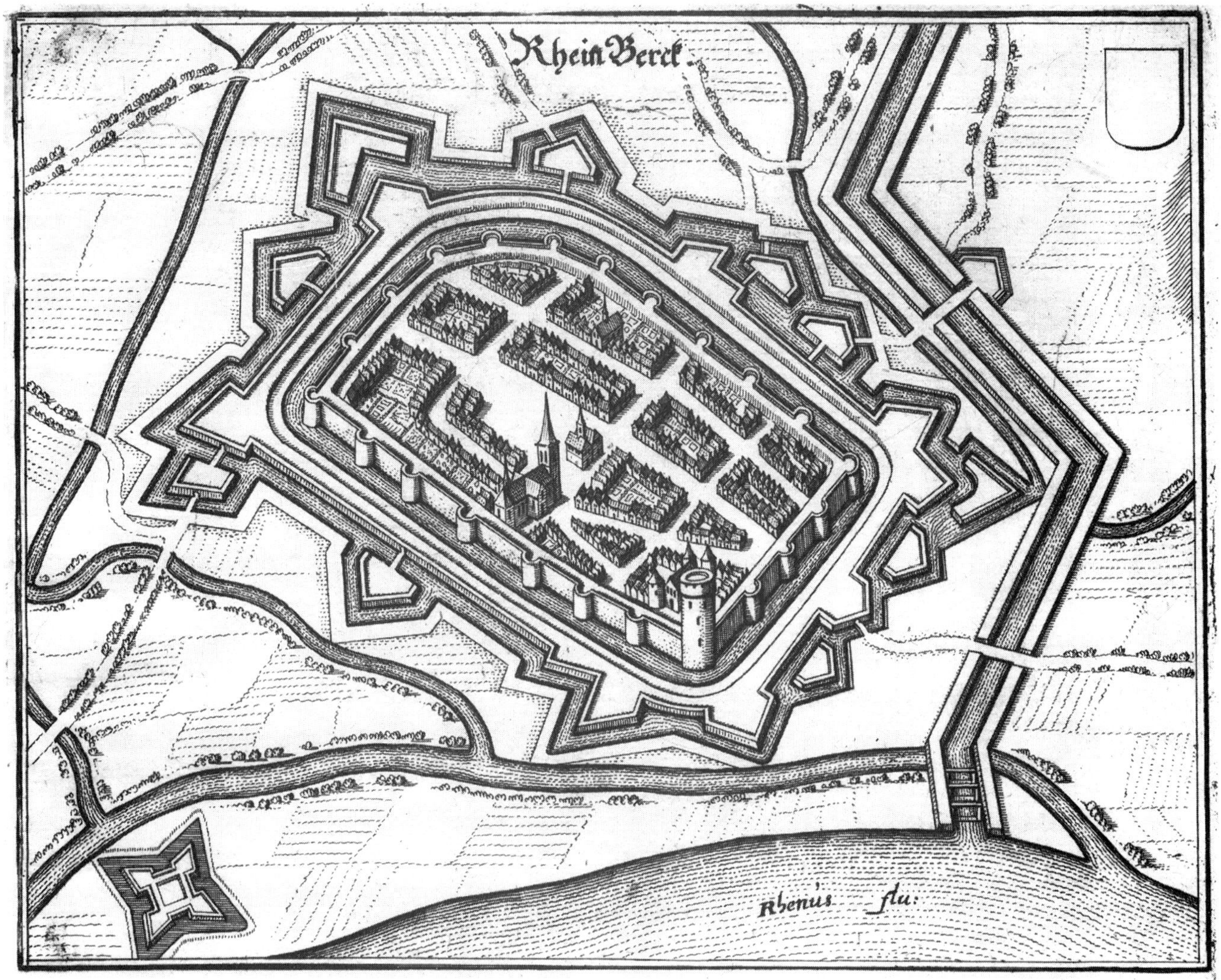

15. Rheinberg

16. Wesel

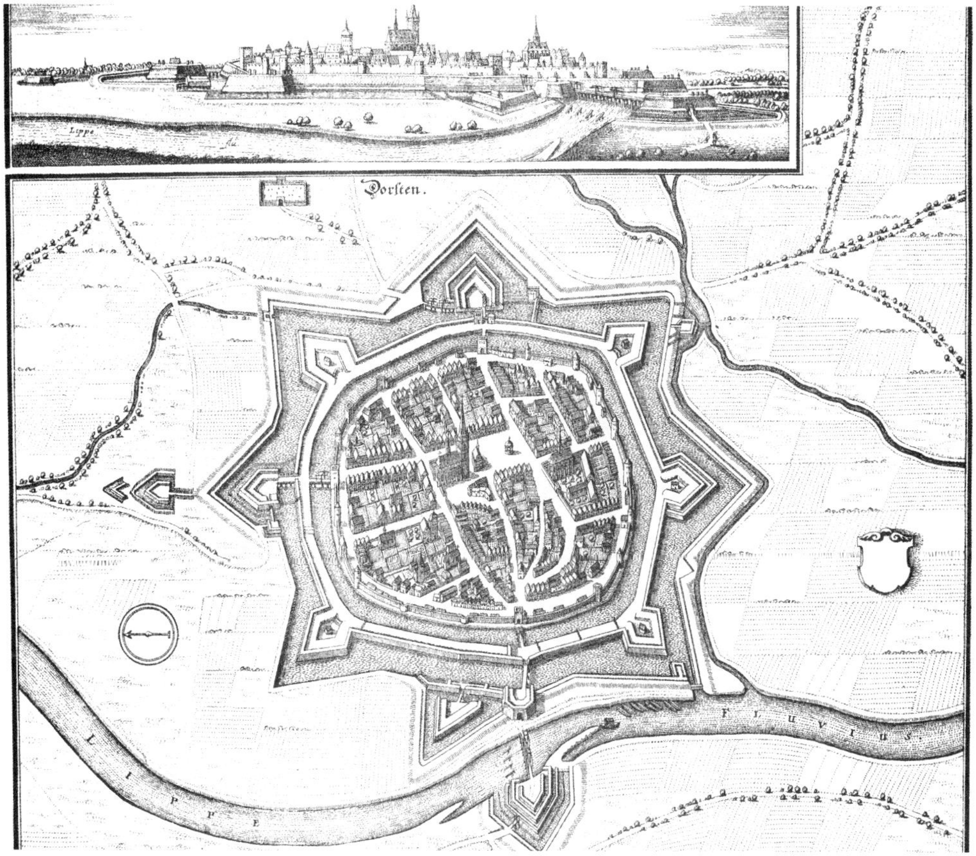

17. Dorsten

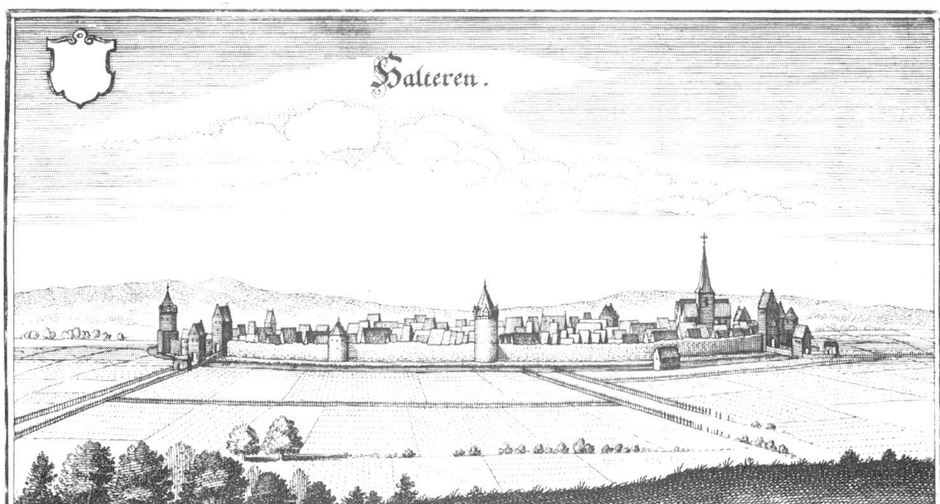

18. Haltern

19. Johann Ludwig, Graf von Nassau – Hadamar, (1590 – 1653)

Stemmate Naſſouici generoſus ſanguis Adolphi)
Occurrunt, equitéſque ſimul, ciuéſque frequentes.
Bellica dum tormenta vomunt incendia, portam
Ludgeri ingredior; miles longo ordine vtrimque
Per fora, per plateas plaudit crepitúque tubâque;
Et plauſum clamore vago turba obuia complet.
Vſque adeò Pacis poſt horrida bella cupido
Te Mimigarda tenet, ſanctâque à Sede vereris
Legatum, qui diſcordes in fœdera tandem
Reſtituat Reges. Pergo hinc ad clauſtra Minorum:
Obuia ſigna crucis ſpectans deſcendo, pióſque
Exequor amplexus, & cernuus oſcula figo.
Tum ſubeo templum, ſummámque acclinis ad aram
Diuinum veneror curuato poplite Numen,
Ingeminánſque preces, poſtquam data ſigna ſalutis
Affuſum in populum, cogor captare quietem,
Tædiáque ærumnáſque viæ releuare ſopore.
Sex abiêre dies, Vbij queis tecta Coloni
Liquimus, & Mimigarda tuæ ſucceſſimus vrbi,
Nunc rate nunc curru vecti. Pars ceſſit amœnis
Colloquiis, pars diuinis impenſa viarum:
Námque, Deo grates, Sacris operatus ad aram
Quoque die, ſic orſus iter, ſic claudere tandem
Incolumis volui, primáſque impendere Diuis.
Nunc age, ſuſceptos ob noſtra ſilentia queſtus
Pone lubens; exſoluo fidem, promiſſáque trado

der andere entstammte dem vornehmen Geschlecht Adolfs von Nassau)[9]. Mit ihnen erschienen viele Adelige und Bürger. Unter Kanonengeböller zogen wir durch das Ludgeritor in die Stadt, wo auf allen Plätzen und Straßen Soldaten in langen Reihen Spalier standen und uns mit Trommeln und Trompeten empfingen.

In ihren Willkommensgruß stimmte das ganz Volk mit lauten Jubelschreien ein. So groß, Mimigarda[43], ist nach den schrecklichen Kriegen deine Sehnsucht nach Frieden, so sehr verehrst du den päpstlichen Gesandten, der die zerstrittenen Könige zum Abschluß der Verträge bringen soll!

Von hier aus fuhren wir weiter zum Minoritenkloster[44], wo ich von den Franziskanern empfangen wurde, indem sie mir das Kreuz entgegenhielten. Ich stieg aus, umarmte sie, küßte den Boden und betrat dann die Kirche. Vor dem Hochaltar verneigte ich mich, kniete nieder, lobte Gott und betete innig. Nachdem ich dem zusammengeströmten Volk den Segen erteilt hatte, sehnte ich mich nach Ruhe und Schlaf, um mich von den Strapazen der Reise zu erholen.

Sechs Tage waren vergangen, seitdem wir Köln verlassen hatten. So lange waren wir mit dem Schiff beziehungsweise mit dem Wagen unterwegs, bevor wir nun dich, Mimigarda, erreicht haben. Dabei verbrachten wir unsere Zeit zum Teil mit angenehmen Gesprächen, zum Teil in stillem Gebet. Gott sei es gedankt: ich konnte jeden Tag die Messe lesen. So hatte meine Reise gut begonnen, so wollte ich sie schließlich auch heil und unversehrt beenden. Mein erster Gedanke soll stets Gott gehören! Du aber beklage dich nun nicht mehr, daß ich so lange geschwiegen habe. Ich halte mein Wort und schicke dir, wie versprochen,

20. Claude de Mesmes, Comte d'Avaux, (1595 – 1650)

172 PHILOMATHI

Carmina, deſcriptámque viam: tamen iſta monendus
Es mihi, non veterum ſignari tempora ritu,
Quæ rapit occumbens duodenis Cynthius horis;
Qualia ſed iuncto cenſet Germania Gallo;
Quæ mihi, quæque tuæ precor eſſe optata ſaluti.

meinen Reisebericht in Gedichtform.[45]
Wenn du ihn liest, bedenke jedoch, daß wir heute nicht mehr leben, wie die alten Griechen und Römer, die sich noch 12 Stunden am Tag Apoll, dem Gott der Dichtung, widmen konnten! Jetzt geht es vor allem darum, was Deutschland und Frankreich beschließen. Ich bete dafür, daß es für mich und für dich glücklich ausgehen wird!

21. Münster aus der Vogelschauansicht, 1636

LXXVI.

D. FRANCISCO ALBICIO PRÆSVLI. *Romam.*

Patientiæ ab amico admonitus, tranquillo se animo esse ostendit: Monasterium VVestphaliæ Vrbem, ædificia, incolas ac mores ludicro carmine describens.

ALBICII genus Hetrusci, quo sæcula pacis
Artibus, & belli nobilitata nitent;
Quà me donatum voluisti, reddo salutem,
Et precor optatos viuere perge dies.
Vix tua postremis Augusti missa diebus
Ad nostras venit littera grata manus;
Illa iubet cœptos inter perstare labores,
Dum niteat placido candida stella mari.
Perfer & obdura; franget patientia ferrum:
Sic loqueris; rursum sic loquor ipse mihi.
Sensi equidem voces perfundere pectus amicas,
Pérque meos sensus serpere; Perfer adhuc.
Pareo mandanti facilè; vtque agnoscere possis,
Tranquillo sedeat quæ mihi corde quies;

Die Stadt Münster, ihre Gebäude, Einwohner und Sitten

An den Prälaten Francesco Albizzi in Rom

Von seinem Freund zur Geduld ermahnt, zeigt Fabio Chigi sich gelassen: er beschreibt in einem heiteren Gedicht die Stadt Münster in Westfalen, ihre Gebäude, Einwohner und Sitten.

Das Etruskergeschlecht, von dem du abstammst, Albizzi[46], hat seiner Heimat über Jahrhunderte hinweg in Krieg und Frieden zu Glanz und Ansehen verholfen. Du hast mir einen lieben Gruß gesendet, den ich ebenso herzlich erwidere. Ich wünsche dir noch viele glückliche Tage!

Gerade eben erhielt ich den Brief, den du mir Ende August geschrieben hast. Ich habe mich sehr darüber gefreut. Du appellierst darin an mich, die begonnenen Arbeiten solange fortzuführen, bis der helle Stern auf dem ruhigen Meer erstrahlt. „Halte standhaft durch; Geduld wird Eisen brechen“, schreibst du. Ich sage mir das selbst auch immer wieder. Deine freundlichen Worte, mit denen du mich ermutigst durchzuhalten, haben mich tief bewegt und sich mir fest eingeprägt. Gern höre ich auf dich.

Wie ruhig und besonnen ich bin, kann ich dir leicht aufzeigen:

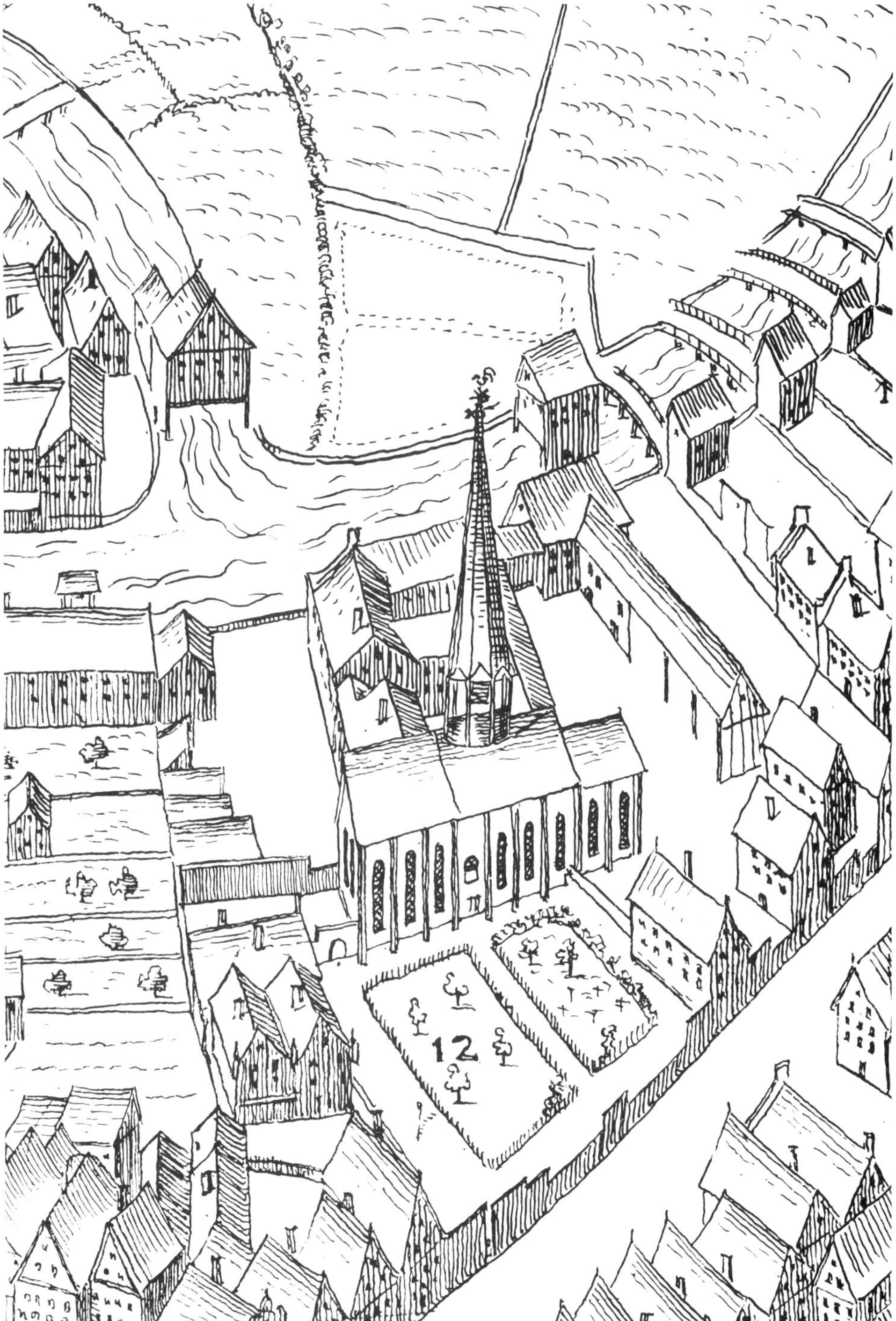

22. Die Wohnung Chigis: das Minoritenkloster an der Neubrückenstraße

Carmina ſi veniunt animo deducta ſereno,
Et ſolùm læto fingitur ore ſonus;
Experiar calamo committere verba fluenti,
Et mea non iuſſo carmine muſa ruet.
Intermiſſi igitur veniant in vincula verſus
Sponte ſuâ, venæ liberioris opus.
Tempora ſunt noctis decies æquata diei,
Ex quo Saxoniæ limina prima tero.
Huc ſancti me iuſſa Patris traxère, patulci
Bellica dum Iani claudere templa cupit.
Hìc Mimigarda tenet, quò Regi victus vtrique
Legatos Cæſar miſerat ante ſuos.
Magnus id oppidulo nomen dum Carolus olim
Et Mitræ dedit, & Relligionis opes;
Inde Monaſterium ſexcentis audit ab annis,
(Germanis *Munſter*) VVeſtphaliæque caput.
Vrbs gemino muro, geminâ circumdata foſſâ;
Quam procul hinc Amaſis lambit, & Alpha ſecat.
Templa nitent veteri cultu, poſtquam omnis abacta
Cum duce veſano turba retincta fuit.
Contingunt nubes præacuto vertice turres,
Dulce vbi dant populis æra ſacrata melos;
Et caueis ſuſpenſa tribus ſublime, nefandæ
Hæreſeos pœnas corpora trina luunt.
Pingui ſæpè luto ſordent obliqua viarum,
Et lateri aggeſtus fumat vtrimque fimus:

Wie du weißt, muß man zum Dichten, ebenso wie zum Singen, fröhlich und unbeschwert sein. Und wenn ich nun versuche, meine Worte einfach flüssig auf Papier zu bringen, sie sich aber wie von selbst zu einem Gedicht formen, so ist das der Beweis. Mögen sich diese Zeilen also wie von allein in das Versmaß einfügen, so daß der ganze Bericht Zeugnis recht zwangloser Dichtkunst wird.

Seit zehn Tagen befinde ich mich nun im Land der Sachsen, wo ich im Auftrag des Heiligen Vaters Frieden schaffen und sozusagen das Janustor[47] endlich schließen soll. Hierher hat der besiegte Kaiser vorher schon seine Gesandten zu den beiden Königen geschickt. Die Sachsen nannten ihre Stadt übrigens Mimigarda; aber seit 600 Jahren heißt sie nun schon *Monasterium* – zu deutsch: Münster[29] –, was auf Karl den Großen zurückgeht. Er gab ihr nicht nur den Namen, sondern machte sie auch zum Bischofssitz und richtete zahlreiche Stiftungen ein. Seit dieser Zeit gilt Münster als Hauptstadt Westfalens.

Die Stadt Münster ist von einer starken Wehranlage, bestehend aus je zwei Wällen und Gräben, umschlossen. Außerhalb der Stadtmauern fließt die Ems, mitten durch den Ort die Aa.

In den prachtvollen Kirchen dient man wieder dem alten Glauben, nachdem mit der Hinrichtung des wahnsinnigen Königs auch sein ganzes Reich untergegangen ist. Bis in die Wolken erheben sich die spitzen Türme, von denen, für alle hörbar, melodisches Glockengeläut klingt. Da oben hängen auch die drei Käfige[48], in denen die Knochen der Wiedertäufer immer noch davon zeugen, wie grausam die Ketzer ihren Frevel büßen mußten.

An beiden Seiten der Straße liegt oft dicker Schmutz, ja sogar Misthaufen dampfen hier vor sich hin.

23. *Monatsbild Januar vom Kalendarium der münsterischen Domuhr*

Námque boues fœtæ, & ciues clauduntur iiſdem
  Ædibus, hircus olens, ſetigeríque ſues.
Euocat in campum cornu reſonante ſubulcus,
  Cùm primùm tenebras diſcutit orta dies.
Vix properant ſeræ denſata crepuſcula noctis,
  Cùm pecus ad proprias ille reducit haras.
Turmatim admiſſos mirabere mœnibus omnes
  Ad ſtabulum notâ currere quemque viâ.
Officioſa cohors grunnitu plaudit, & ampla
  Atria perſultans, ad ſua clauſtra redit.
Veſtibulo videas vaccas hinc inde cubantes;
  Turma ſalutatrix fulcit vtrumque latus,
Anſer, anas, felis, criſtati femina galli,
  Et canis atque ouibus qui ſociantur equi.
Hac natis famulíſque aditus, matríque patríque eſt,
  Quà fumo & flammis laxa culina patet.
Deſinit in latum tota ingens aula caminum,
  Suſpenſi pretium qui petaſonis habet.
Vix ſucciſa Ceres, ſpicis paleíſque referta
  Excipiunt laxæ grandia plauſtra fores.
Confuſas ſegetes tecti ſub culmine condunt,
  Atque repurgantes grana ſubinde legunt.
Hæc celeri frangit gyro verſatile ſaxum,
  Vndarum curſu ſeu leuis Alpha citat,
Siue decuſſatis trabibus pendentia circum
  Præcipiti voluunt lintea tenſa Noto.

Denn alle wohnen hier unter einem Dach[49]: Menschen, trächtige Kühe, stinkende Ziegenböcke und Schweine.

Beim Morgengrauen ruft der Schweinehirt mit seinem Horn die Tiere auf die Weide; wenn es dämmert, bringt er sie zu den einzelnen Höfen zurück, wobei es erstaunlich ist, wie sicher die Schweine alle in die richtigen Koben zurückfinden, obwohl sie doch in einer großen Herde in die Stadt zurückkehren. Sie scheinen den Weg gut zu kennen! Auf dem Gehöft angekommen, grunzen sie laut vor Vergnügen und rennen quer über den Hof in ihre Ställe zurück.

Zu beiden Seiten der Tenne liegen Kühe, dicht umringt von einer fröhlich – schnatternden Schar aus Gänsen, Enten und Hühnern; auch eine Katze springt noch dazwischen herum. Nicht weit davon entfernt stehen Hunde, Schafe und Pferde ähnlich einträchtig beieinander.

Alle, die das Haus betreten – Knechte, Mägde, Eltern und Kinder – kommen zuerst in die geräumige Küche, in der ein offener Herd steht. Der große Raum geht nach oben hin in einen Rauchfang über, wo der Schinken hängt und mit seinem Duft lockt. Wenn das Getreide gemäht wird, passen die großen Heuwagen kaum durch die weiten Scheunentore, so hoch sind sie beladen. In der Scheune werden die Garben bis unter die Decke gestapelt, später wird das Korn gedroschen, in Säcke gefüllt und zuletzt gemahlen. Dazu benutzt man Mühlsteine, die entweder mit Wasser – hier fließt ja die Aa – oder mit Wind angetrieben werden.

24. Frauen in münsterischer Tracht

Plebeias ædes paries ſuſtentat, ab imo
Contextus quernâ culmina ad alta trabe:
Hunc lateres coċti, vel mixto vimine creta
Veſtit, & obducto ſtupea fulcra luto.
Nobilium ſculptis ſpatioſa palatia tignis;
Maiorúmque armis cærula vitra nitent:
Et decorant pictos ceruorum cornua poſtes,
Aut lepus, aut hirtâ pelle timendus aper.
Villoſæ exuuiæ, deſectáque terga ferarum,
Illuſtre hæc limen rapta trophæa notant.
Secernunt humili venantûm inſignia vulgo;
Quíque præeſt aliis, imperat antè feris.
Porticus innumeris format ſpatioſa columnis,
Et plenum multâ ſemita merce forum.
Curia reſplendens attollit ad æthera culmen,
Et patriæ Patres excipit aula capax.
Mancipat obſequiis natiua modeſtia ciues,
Et cibus immodicas, & toga damnat opes.
Ingenuas artes, ac Phœbi caſtra ſequuntur,
Quæque docent veteres dogmata ſacra Patres.
Hemicyclo vultum ſupponit femina pullo,
Quam ſubtus Tyrio Syrmate byſſus obit;
Aut corbe inuerſo pluuiâ defendit ab aurâ,
Cratibus incluſo, de grege ſiqua venit.
Vnica laus Baccho, quem Rhenus & vnda Moſellæ
Tranſmittit plauſtro, aut Gallica cymba vehit.

Die einfachen Leute wohnen in Fachwerkhäusern: die Wände sind von oben bis unten mit Eichenbalken verstrebt, die Zwischenräume mit Backsteinen oder einem Gemisch aus Kalk und Weidengeflecht ausgefüllt, und das Ganze ist mit Lehm verputzt. Die Adeligen dagegen besitzen große Stadthöfe, die besonders durch ihre mit Schnitzereien verzierten Balken auffallen sowie durch die bläulichen Fenster, in die die Wappen der Vorfahren eingraviert sind. Über den Türen befinden sich Gemälde von Hirschen mit mächtigen Geweihen, von Hasen und Keilern mit schrecklich borstigem Fell; außerdem hängen hier zottige Felle von so manchem erlegten Tier. Solche Trophäen findet man nur in vornehmen Häusern, denn die Jagd ist ein Privileg der hohen Herren: wer Macht über Menschen hat, hat sie auch über das Jagdwild. Dadurch, daß der Fußweg von zahllosen Säulen begrenzt wird, entsteht ein breiter Bogengang, den die Händler als eine Art Markt für ihre vielfältigen Waren nutzen. Der Giebel des prachtvollen Rathauses ragt weit über die anderen Dächer hinaus und berührt scheinbar fast den Himmel; in seinem geräumigen Festsaal[50] tagen im Moment alle, die für das Wohl des Vaterlandes verantwortlich sind.

Aufgrund ihrer natürlichen Bescheidenheit sind die Menschen hier höflich und entgegenkommend; an den Eßgewohnheiten und ihrer Art sich zu kleiden kann man erkennen, daß sie unmäßigen Reichtum verurteilen. Gern wenden sie sich edlen Künsten zu, vor allem der Dichtung; in Glaubensfragen halten sie sich an das, was ihnen ihre Väter überliefert haben. Die Frauen tragen Kleider aus blauem Leinen und auf dem Kopf grauschwarze halbrunde Hauben – es sei denn, sie kommen gerade von der Herde und es regnet: dann schützen sie sich, indem sie sich einen geflochtenen Korb über den Kopf stülpen.

Wein, der von Rhein und Mosel mit dem Wagen, aus Frankreich per Schiff angeliefert wird, gilt als Delikatesse.

25. Frühstücksbild mit Magd hinter einem Fenster, Gemälde von Wolfgang Heimbach, 1670

Inclusos hypocausto, aduentu prandia noctis,
Et cœnam Phœbi claudere luce iuuat.
His ergo in tectis tranquillam protraho vitam,
Quantumuis mentem tetrica cura voret.
Sit licet in tenebris luctúque diutinus atro,
Et tegat assiduo Iuppiter imbre caput;
Ambulo, seruo domum, lego, scribo, negotia curo,
Sacra colo, pacem nocte diéque rogo.
Cetera, si redeam sospes, me dicere coràm
Fas erit: intereà me redamatus ama.

In der geheizten Stube dehnen die Menschen das Mittagessen oft bis in die Nacht hinein aus, das Abendessen dauert dafür bis zum Sonnenaufgang. Hier also verbringe ich ruhige Tage, wenn mich auch manchmal die Sorgen verzehren. Wenn das Wetter gar zu garstig ist – dann wird es selbst am Tag nicht richtig hell oder es regnet ununterbrochen –, bleibe ich zu Hause, gehe im Kreuzgang auf und ab, lese oder schreibe, erledige meine Pflichten als päpstlicher Gesandter, übe den Gottesdienst aus und bete Tag und Nacht für Frieden.
Alles weitere kann ich Dir persönlich erzählen, sobald ich heil und unversehrt wieder zu Hause bin. Solange bin ich dein treuer Freund und hoffe, auch du bleibst mir herzlich verbunden.

26. Dr. Bernhard Rottendorff, (1594 – 1671)

LXXXIX.

DE PLVVIIS MONASTERII VRBIS.

Bernardo Rottendorffio Archiatro ſe excuſat, & rationes affert cur illam vocauerit Patriam nimborum; incolarum mores ex occaſione deſcribens, & per iocum carpens.

NIMBORVM patriam quòd te Mimigarda vocaui,
Weſtphalicæ telluris honos (iniuria verbo
Abſit) parce precor. Iam ſextus voluitur annus,

Münsters Regen

Fabio Chigi bringt dem Arzt Bernhard Rottendorff[13] *gegenüber entschuldigende Gründe dafür an, daß er Münster die Stadt des Regens nennt; er nutzt die Gelegenheit, um gleichzeitig in witzigem Ton die Sitten der Einwohner zu beschreiben.*

Du bist das Schmuckstück Westfalens, Mimigarda, und trotzdem habe ich dich als Heimat des Regens bezeichnet. Bitte verzeih! Aber aus eigener Erfahrung weiß ich, daß dieses Urteil nicht unberechtigt ist, denn seit sechs Jahren bin ich nun schon hier

27. Monatsbild April vom Kalendarium der münsterischen Domuhr

Expertus loquor, assiduo quòd te imbre madentem
Inspexi, & plures numerantem sæpè Medardos,
Qui bis vicenis purgarent festa diebus
Continuis pluuiis. Agit id clementia cæli
Obsequiis intenta tuis: ipse humidus æther
Scilicet effundit sitienti pocula terræ,
Fœcundátque agros, & magno fœnore ditat:
Quo sine nec ferrent sabulosi gramina campi,
Nec lætas segetes; & inhospita terra iaceret,
Et steriles sicco volitarent littore arenæ.
Tum procul aufugiens pingues migraret in oras
Rusticus, vt plenà pensaret messe labores.
Hortorum hinc omnis pereat cultura necesse,
Nec tanto spatiosa vrbis pomœria gyro
Extendant sese, vireántque halantibus herbis:
Hic pisum ascensu serpens, mollisque faselus,
Et betæ, & raphani, lactucæ, rapula, maluæ;
Hic faba præcellens aliis (nam copia maior
Westphalico seritur ciuíque hirtóque colono)
Vix sata dispereat; nec passim liuida surgat
Brassica, quæ longâ perstat non territa brumâ,
Vnà homini sua dona, bouique, suique ministrans.
Tunc arens & vilis hero quid præstet agellus?
Quive inculta manus formident iugera furum?
Tum frustrà ad portam MauritI machina furta,
Supplicium fonti, fossæ de ponte moretur.

und habe dich nur im Dauerregen erlebt. Für dich gibt es gleich mehrere Medardustage[52], die jedesmal alle Feste innerhalb der folgenden 40 Tage buchstäblich ins Wasser fallen lassen. Aber eigentlich erweist der gütige Himmel dir damit ja einen großen Gefallen: Du mußt dir das so vorstellen, als ob die Erde großen Durst hätte und der Himmel selbst ihr einen Becher zu trinken herunterreichte. Nur so werden die Äcker fruchtbar und du letztlich reich. Ohne den Regen wären die Felder reine Sandflächen, auf denen weder Gras wachsen noch die Saat gut angehen könnte; das Land läge brach da und gliche dem trockenen Meeresstrand, wo nichts gedeiht und der Sand vom Wind umhergewirbelt wird.

Der Bauer würde in weit entfernte fruchtbare Gegenden auswandern, damit sich seine Plackerei auch durch eine reiche Ernte bezahlt macht. Hier aber wäre dann kein Gartenbau mehr möglich, und die riesigen Obstwiesen, die sich mit ihren herrlich duftenden Kräutern jetzt rings um die Stadtmauer erstrecken, ständen nicht mehr in sattem Grün. Sofort nach der Aussaat ginge alles zugrunde: sich hochrankende Erbsen, saftige Bohnen, Rüben, Rettich, Salat, Möhren, Malven und sogar die dicken Bohnen, die in Westfalen sowohl von den Bürgern als auch von den ungehobelten Bauern weitaus am meisten angebaut werden. Auch der Grünkohl würde nirgends mehr gedeihen, obwohl ihm selbst langanhaltender Frost nichts anhaben kann – für Menschen wie Tiere ist er ja das einzige frische Gemüse im Winter.

Was nützte dem Menschen also ein trockener Akker? Nichts! Und was hätte ödes Land von Dieben zu befürchten? Die Vorrichtung, die sowohl zur Strafe für überführte Täter als auch zur Abschrekkung für andere Menschen am Mauritztor auf der Brücke, die über den Stadtgraben führt, steht, hätte keine Funktion mehr.

28. Die Wippe am Mauritztor

182 PHILOMATHI

Antenna obuerſa hîc elato ſtipite fixa
Cernitur, & firmo refluens verſatilis axe:
Illius extremo, quod multò prominet auris
Longiùs, è cornu cauea ingens ferrea pendet:
Clauditur hac fur, & contracto corpore nudus
Ludibrio, & pœnæ damnatus penſilis hæret:
Protinus erigitur, breuius cùm preſſit ad ima
Cornu aliud validus populo ſpectante ſatelles,
Extemplò demiſſa ruit cauea impete multo
Subiectas in aquas. Rigidi mandata Senatus
Vſque adeò furem deprenſum in crimine plectunt,
Qui caules modicos alieni fregerit horti.
Nempe alia hinc abſunt irritamenta malorum:
Non hîc Eoæ flores regionis alumnos
Exquiras, non Alcinoi pomaria Regis,
Luculli nec delicias, nec Apolline lecta
Fercula: nam luxus & inania munera damnat
Maſcula Weſtphaliæ proles, & fortia bello
Pectora; ſecurâ miſcent olus omne patellâ,
Cæruleum flauo panem leuiſſe butyro
Contenti, & feſtis petaſonem efferre diebus,
Siue ſub Autumnum fumo ſiccata nigrantis
Terga bouis. Potum dant hordea putrida flammis
Cocta; lupi florem quòd ſi miſcebis amari,
Nectar erit: vulgi de nomine *Keuta* vocatur
Illa, ſed hanc *Biram* dicunt. Gens Weſtphala *Keutam*

Es handelt sich dabei um eine Konstruktion, bei der eine Stange an einem hohen Pfahl so befestigt ist, daß sie sich an einer feststehenden Achse 'rauf und runter' heben läßt. An ihrem äußersten Ende, das ziemlich weit herausragt, hängt ein großer Eisenkäfig. Hiermit kann man Diebe herrlich zum Gespött der Leute machen und sie dadurch strafen: Man zwängt sie nackt in den Käfig und läßt sie dort baumeln; dann wird der Käfig zuerst in die Höhe gehoben, indem ein kräftiger Helfer die Stange am anderen Ende kurz nach unten drückt. Das ganze umherstehende Volk gafft den Übeltäter dabei an! Anschließend läßt der Helfer den Käfig mit hohem Tempo wieder nach unten schnellen – mitten in das darunter befindliche Wasser! Mit dieser Strafe belegt der strenge Stadtrat noch heute jeden Dieb, der auf frischer Tat dabei ertappt wird, wie er sich möglichst billig Kohl zu verschaffen versucht – indem er ihn aus fremdem Gärten stiehlt![53]

Ansonsten gibt es hier natürlich nichts, was Gauner reizen könnte: weder exotische Blumen noch die Obstgärten des Königs Alkinoos, weder Lukullische Genüsse noch die erlesenen Speisen Apolls. Denn die tüchtigen Westfalen, die sich im Krieg so tapfer bewährten, verurteilen Luxus und Angeberei. Ein Teller Gemüse, dazu Schwarzbrot mit goldgelber Butter bestrichen – das reicht ihnen völlig; nur an Festtagen holen sie Schinken oder – im Herbst – geräuchertes Rindfleisch aus der Speisekammer. Zu trinken gibt es gewöhnlich ein Gebräu aus gegorener Gerste; genießbar wird das aber eigentlich erst, wenn man noch bitteren Hopfen hinzufügt. Jenes erste Getränk heißt umgangssprachlich 'Keut', das zweite 'Bier'. Keut trinken nur die Westfalen,

CIRCULI
WESTPHALIÆ
in omnes suos
STATUS ET PROVINCIAS
accuratè divisi
Nova et exacta Tabula
edita sumtibus
IOH. BAPTISTÆ HOMAN
Noribergæ.
Cum Privilegio Sac.
Cæs. Majestatis.
Milliari Germanica
Milliaria Gallica sive Horæ Itineris
FRIESLAND
HEERLYKHEYD
Slooten
Echten
Nedderc
Beylen
Mepsche
Valter Schans
Dwingelo
Sweel
Oodoorn
Sleen
Welham
Ruynen
Kuynder
Blanckenham
Blockzyl
Gees
Schantz ten Holle
Dalen
Echten
Colderveen
Nien dap
Havelte
Winschoten
Westerlo
Brug Schans
Mussel
Brouck
Noortbroeck
Siddebuiren
R d Eems
Dam
Pilsumer Horne

Sola bibit; ſed *Bira* procul diffuſa, Latinè
Omnibus eſt nota Arctois *Ceruiſia* terris:
Vnus enim prohibetur aquæ (quis crederet?) vſus;
Et ſcelus eſt puris fauces perfundere lymphis.
Rari vina bibunt peregrè magnóque coëmpta;
Queis vndas miſcere nefas, & ſanguine veri
Teutonis indignum. Facinus qui tale patrarit,
Degener extremis mundi miſer exulet oris;
Audax nec tentet greſſu remeare profano
Nimborum in patriam, quam te Mimigarda vocaui.

Bier aber ist weit verbreitet; in allen nördlichen Ländern ist es unter der lateinischen Bezeichnung *Cervisia* bekannt. Ein Getränk ist jedoch streng verboten: Wasser (Wer hätte das gedacht?). Es gilt geradezu als Verbrechen, pures Wasser zu trinken.[54] Wein können sich nur die wenigsten leisten, denn die weiten Transportwege machen ihn teuer. Aber ihn mit Wasser zu mischen, wäre trotzdem Sünde und eines echten Deutschen unwürdig; wer so etwas täte, wäre völlig aus der Art geschlagen. Der Arme! Er würde ans Ende der Welt verbannt, und selbst wenn er noch so dreist wäre, könnte er es nicht wagen, seinen Fuß jemals wieder auf deinen heiligen Boden zu setzen, Mimigarda, du Heimat des Regens, wie ich dich genannt habe!

30. Münsterische Frau in Fellkentracht, Gouache, Wenzel Hollar zugeschrieben

LXXVII.

FELKEN.

D. FRANCISCO NERLIO, MANTVANO MARCHIONI.

Amico, qui Monasteriensem vestem miratus, quâ mulieres caput & humeros tegunt, eam depingi curauerat, ac in Italiam miserat. Eamdem accuratè describit per otium & ioci causâ.

WESTPHALICÆ tibi cura fuit non vltima vestis,
Quâ graditur cultum femina cincta caput.
Clariùs exponam, si fecerit otia Phœbus,
Notáque depinget Musa colore suo.
Hemicycli specie planam tibi finge tabellam,
Quam circùm tenuis nigráque lana tegit.
Chor-

Fellken[51]

An Franzikus Nerlius, den Marktgrafen von Mantua

Fabio Chigi hatte sich bemüht, dem Freund, der sich über die münsterische Tracht gewundert hatte, in leuchtenden Farben auszumalen, wie die Frauen Kopf und Schulter bedecken; diesen Bericht hatte er nach Italien geschickt. Im folgenden wird er die Tracht noch einmal ganz genau beschreiben, weil er gerade Zeit hat und zu Scherzen aufgelegt ist.

Du hast dich sehr für die Tracht der westfälischen Frauen und insbesondere für ihre Kopfbedeckung interessiert. Gern will ich dir darüber nähere Auskunft geben; ich hoffe, Apoll schenkt mir die nötige Ruhe und die Muse genug Einfallsreichtum, um dir alles in den schillerndsten Farben auszumalen. Stell dir ein flaches, halbkreisförmiges Brettchen vor, das ringsherum mit feiner schwarzer Wolle bedeckt ist.

31. Frauen in münsterischer Tracht

Chorda premit frontem, tergum ſed circuit arcus;
Vix humeros ex hac pendula palla terit:
Illa pedes binos, ternos amplectitur iſte;
Palliolum pendens ſeſquipedale puta.
Quod ſi craſſa humeris matrona extenditur amplis,
(Quales Saxonicâ ſub regione tument)
Augetur menſura breuis, proportio donec
Exæquet modulo grandia membra pari.
Exteriùs lanâ, interiùs bombyce ſuperbit;
Atque Damaſcenâ floribus arte nitet.
Extremas oras circùm bombycina veſtit,
Vndique & ornatum fimbria ſepit opus:
Non ſecùs ac ſummâ quondam ceruice caniſtrum
Lenta gradu incedens Attica virgo tulit.
Femineum hoc decus eſt dum iam ſpectabilis errat
Per fora, per plateas, per ſacra templa pedes.
Non cælum ſpectare potis, non cernere terram;
Tam plenum æquali pondere librat onus.
Candidior dici è nigro ſeu malit amictu,
Vt magis è piceâ Cynthia nube micat:
Siue cupit grauior populo, maiórque videri,
Qualia ſub pluteis ſtant ſimulacra Deûm;
Non illi Eoam præponat crede tiaram,
Non Cidari Armeniæ poſthabuiſſe velit;
Præferat & Phrygiæ ſinuoſum VVeſtphala mitræ,
Auſa magis FELKEN tollere ad aſtra ſuum.

Vorn an der Stirn ist es mit einer Kordel befestigt, und hinten formt sich ein Bogen; hiervon fällt ein Tuch fast bis auf die Schultern herab. Was die Maße betrifft, so ist die Kordel etwa 2 Fuß lang, der Bogen hat einen Umfang von 3 Fuß, und das herunterhängende Tuch mißt wohl 1½ Fuß in der Länge. Wenn allerdings eine Frau recht korpulent ist und breite Schultern hat, was ja im Sachsenland keine Seltenheit ist, dann werden die Maße solange vergrößert, bis die Proportion stimmt. Die Haube ist – wie gesagt – außen mit Wolle überzogen; das Futter besteht aus feinster Seide, die nach Damaszener Art ein bezauberndes Blumenmuster aufweist. Auch der Saum ist ringsherum kunstvoll mit seidenen Fransen besetzt.

Wie eine attische Jungfrau, die einen Korb auf dem Kopf balanciert, schreitet die Westfälin langsam und würdevoll durch die Straßen, besucht Märkte und Kirchen. Dabei kann sie weder nach oben noch nach unten schauen, da sie das Kunstwerk auf ihrem Kopf im Gleichgewicht halten muß. Daß sie die Haube dennoch so gern trägt, kann verschiedene Gründe haben; vielleicht soll ihr Gesicht durch den Kontrast zur schwarzen Kopfbedeckung noch weißer wirken – auch die Mondgöttin strahlt ja noch mehr, wenn sie von einer pechschwarzen Wolke umgeben ist; oder vielleicht will sie ihren Mitmenschen bedeutender und größer erscheinen, indem sie die Assoziation an Götterstatuen weckt, die ja auch oft mit Schutzdächern versehen sind. Auf jeden Fall lobt die Westfälin diese bauschige Haube bis in den Himmel und würde sie weder gegen die Tiara des Orients noch gegen den Turban Armeniens oder die phrygische Mitra eintauschen.

32. Zwei Frauen mit Fellken

Ingreſſura, latus præmittere cogitur, ædes,
Si fortè anguſto ianua poſte patet;
Cornua tam latè rectam protenſa repellunt;
Obſequium hoc veſti debet habétque ſuæ.
Eſt tamen his aliquid velis obnubere frontem;
Qui tegitur, magis hoc eminet orbe, decor.
Eſt & in obſtipâ quædam ceruice venuſtas,
Maieſtáſque ſuo grandior ore ſedet.
Obuia ſi veniat Chloris, ſeu iungere dextram,
Oſcula ſeu labris officioſa dare;
Vtraque conuerſas adnectit machina frontes,
Et coëunt vnâ bina theatra rotâ.
Palliolo facies abeunt humeríque ſub atro,
Atque ambæ ducto protinus orbe latent.
Nec locus eſt vltrà, cupiat ſi Delia cœtum
Augere officiis obſequioſa ſuis;
Ni rurſum in partes diſcinditur Amphitheatrum,
Ac duplex ſecto pegmate ſcena redit.
Funeream nuper comitans longo ordine pompam
Opplebat totum magna caterua forum.
Aſtiteram ſummâ ſpectatum fortè feneſtrâ,
Cùm ſpecies oculos perculit illa meos.
Viſa atrata mihi ferri tabulata per vrbem
Sponte ſuâ, miris exagitata modis.
Elyſios timui manes, vmbráſque ſilentûm
Suppoſitas tectis membra mouere dolis.

Beim Betreten eines Hauses muß die Frau sich seitlich drehen, falls der Eingang schmal ist, denn die ausladenden Seiten der Fellken, die wie Hörner abstehen, hindern sie dran, frontal durch die Tür zu gehen; diesen Dienst schuldet sie ihrer Tracht, und sie leistet ihn auch. Aber das Gesicht von Tüchern wie von einer Wolke zu umhüllen, hat auch sein Gutes: denn Schönheit, die versteckt wird, kommt durch eine solche Umrahmung viel besser zur Geltung. Es liegt auch eine gewisse Anmut in der Art, den Kopf zu neigen, und der Gesichtsausdruck wirkt dadurch würdevoll, ja geradezu majestätisch. Wenn zwei Freundinnen aufeinandertreffen und sich die Hände reichen oder einen Begrüßungskuß geben, stoßen die einander zugewandten Vorderseiten der gewaltigen Kunstwerke aufeinander, so daß die beiden Hauben regelrecht zu einer Einheit verschmelzen und aussehen wie ein kreisrundes Theater. Die Gesichter und sogar die Schultern der Frauen verschwinden völlig unter der schwarzen Kopfbedeckung, die wie ein Ring über ihnen liegt. Und wenn dann noch eine dritte Freundin hinzukommt, die die beiden anderen auch gern herzlich begrüßen möchte, findet sie gar keinen Platz mehr; sie muß warten, bis das Amphitheater sich wieder in zwei Hälften geteilt hat und man durch den Schnitt in der Mitte erkennen kann, daß es sich um zwei einzelne halbrunde Bühnen handelt.
Neulich fand hier eine Leichenprozession statt; dabei bewegte sich ein unglaublich langer Zug von Trauernden durch die Straßen und erfüllte schließlich den ganzen Marktplatz mit einer riesigen Menschenmenge. Ich stand zufällig oben am Fenster und schaute zu; der Anblick, der sich meinen Augen bot, war ziemlich bizarr: Es schien nämlich, als würden lauter schwarze Bretter ohne fremden Antrieb durch die Stadt schweben, gewissermaßen von Geisterhand bewegt. Ich fürchtete schon, daß die toten Seelen des Jenseits, die schweigenden Schatten, sich listig darunter bewegen könnten.

33. Münsterische Frau in Fellkentracht (Ausschnitt), Gouache, Wenzel Hollar zugeschrieben

MVSÆ IVVENILES. 155

Viſa modò è ſilice ingenti ſtrata ampla viarum
Se tacitâ ſenſim proripuiſſe fugâ;
Et modò ſquammoſi infandùm prægrandia ceti
Protinùs occulto ſerpere terga pede:
Aut quæ bellantûm clypeis intexta refertis
Teſtudo aſſurgens hoſtica tecta ſubit.
Vſque adeò imponens lunatas VVeſtphala peltas
Iungebat capiti nexilis arte phalanx.
Non glacialis hiems, non feruens impedit æſtus
Nobile geſtamen, non grauis imber aquis.
Si tamen Æolidæ ſurgunt in prælia fratres,
Non ſecùs ac vexant carbaſa tenſa mari:
Tum verò ex humeris extremas protinus oras
Corripit, & forti ſtringit vtrimque manu:
Aut rapidi facto ſi perſtent agmine venti,
Complicat, ac lateri penſile geſtat onus.
Hæc tibi VVeſtphalicum repræſentantia FELKEN
Carmina mixta iocis garrula Muſa dedit.
Si malè deſcribunt, nec percipis, abiice verſus,
Et tibi ſint luſus, qui mihi luſus erant.
Scilicet ingratas libuit ſic fallere curas:
Omnis namque meo eſt Carmine cura procul.

Dann wieder hatte ich den Eindruck, als wenn die breiten Straßen, die mit großen Pflastersteinen befestigt waren, lautlos und kaum merklich die Flucht ergriffen. Und schließlich sah ich den riesenhaften Rücken eines schuppigen, walfischartigen Tieres, das vorwärts kroch, ohne daß man seine Füße hätte erkennen können. Unfaßbar! Oder griffen etwa Soldaten die feindlichen Stadtmauern an, wobei sie sich unter einem riesigen Schutzdach verbargen, das aus einer Vielzahl einzelner Schilde, dicht aneinandergereiht und dadurch regelrecht ineinander verwoben, bestand? Wenn die Westfälinnen ihre halbmondförmigen Hauben tragen, sehen sie wirklich aus wie Krieger, die sich Schild an Schild in einer dichtgeschlossenen Phalanx präsentieren!

Weder eisige Kälte noch glühende Hitze hindern die Frau, ihre edle Tracht anzulegen; auch heftige Regengüsse kümmern sie nicht. Wenn sich aber einzelne Winde zum Kampf gegeneinander erheben, so daß auf dem Meer die Segel der Schiffe zerreißen, dann ergreift die Westfälin schnell die äußersten Enden der Haube, etwa in Schulterhöhe, um sie von beiden Seiten fest zusammenzuraffen. Und wenn eine ganze Heerschar von Winden unablässig über das Land hinwegfegt, nimmt sie die Haube sogar vom Kopf, faltet sie zusammen und trägt sie unter dem Arm.

Nach diesem Gedicht hast du hoffentlich eine sehr genaue Vorstellung von den westfälischen Fellken. Wahrscheinlich mußtest du so manches Mal auch herzhaft lachen. Meine Muse war ja ausgesprochen schwatzhaft. Falls meine Beschreibung aber schlecht ist und du sie nicht verstehst, wirf sie ruhig weg; was für mich nur ein lustiges Spiel war, solltest auch du nicht zu ernst nehmen. Ich habe diese Verse ja nur geschrieben, weil sie mir eine willkommene Ablenkung von meinen Sorgen sind; denn sobald ich dichte, ist all mein Kummer verflogen!

Neuer

Auß Münster vom 25. deß Weinmonats im Jahr 1648. abgefertigter Freud- und Friedenbringender Postreuter.

Ich komm von Münster her gleich Spornstreich geritten/
Und habe nun das meist deß Weges überschritten/
Ich bringe gute Post und neue Friedenszeit/
der Frieden ist gemacht/ gewendet alles Leid.
Man bläst ihn freudig auß mit hellen Feldtrommeten/
mit Kesselpaucken Hall/ mit klaren Feld-Clareten.
Mercur fleugt in der Lufft/ und auch der Friede Je/
Gantz Münster/Oßnabrugg und alle Welt ist froh/
die Glocken thönen starck/ die Orgeln lieblich klingen/
HErr Gott wir loben dich/ die frohen Leute singen.
die Stücke donneren und sausen in der Lufft/
die Fahnen fliegen schön/und alles jauchtzend rufft:
der Höchste sey gelobt/der Friede ist getroffen/
fortan hat männiglich ein besser Jahr zu hoffen/
der Priester und das Buch/der Rahtherr und das Schwerdt/
der Bauer und der Pflug/ der Ochse und das Pferd.

Die Kirchen werden fort in voller Blüte stehen/
Man wird zum Hauß deß HErrn in vollen Sprüngen gehen/
und hören Gottes Wort: Kunst wird seyn hochgeacht/
die Jugend wird studiern bey Tag und auch bey Nacht/
Man wird deß HErren Ruhm auff Psalter und auff Seiten/
In Osten und in West/in Sud und Nord außbreiten:
die Saine und Paris/die Donau und ihr Wien/
der Belht und sein Stockholm sind friedlich/ frisch und grün.

Der Friede kömt Gott lob mit schnellem Flug geflogen/
mit ihm komt alles Glück und Segen eingezogen/
Er bringet Friedenspost und güldene Friedens Zeit/
der Krieg ist nun gestillt/ geendet alles Leid.
Spieß/ Bogen/ Schild und Schwerdt/ und Lantzen sind zerschmissen/
Gerechtigkeit und Fried sich miteinander küssen/
Wo Mars der Landsknechts Gott/die Oberherrschafft hat
da herrschet Lasterschwarm/und Tugend hat nicht stadt.
Drum freuet/freuet Euch ihr hohen Potentaten/
und alle die ihr müst den grossen Städten rahten/

Fortan wird Land und Sand und Dörffer nehmen zu/
und Herr und Knecht wird seyn in angenehmer Rhu.
Es werden Fürsten nicht in Cantzeleyen schwitzen/
der Raht nicht in die Nacht mit schweren Sorgen sitzen/
und dencken/wo doch Raht wol herzunehmen sey/
damit betaubet werd deß Krieges Tyranney.
Man wird stäts seyn bedacht/wie rechte Sach mög bleiben/
Wie man/was unrecht ist/recht möge hindertreiben/
Man wird nicht so versehn was böses wird verricht/
wie sonst zu Kriegeszeit/doch ohne Lust geschicht.
Es werden Obrigkeit und Unterthanen wohnen
in Einigkeit und Fried: das gute wird man lohnen/
das böse straffen ab: Kurtz/ es wird friede seyn/
im Rahthauß/in der Stadt/ wo man geht auß und ein.
Ihr Obern dancket Gott/der Frieden ist gerichtet/
Ihr Untern lobet Ihn/ das widrig ist geschlichtet/
Es lebt in Fried und Freud der Rahtsherr und die Stadt/
Biß das was in der Welt und Sie ein Ende hat.

Auch/Ich der Kauffleut Gott Mercur kom hergedrungen/
und hab mich mit dem Brieff durch Lufft und Tufft geschwungen/
Ihr Kauffleut seyt wolauff und habt ein guten Muth/
Ihr Handwercksleute auch/es wird alls werden gut.
Fort wird man sicherlich zu Wasser können handeln/
und ohne noht zu Land auff Messen ruhig wandeln/
die Wahren werden wol zu reissen abegehn/
die Läden und Gewölb voll lauter Kauffer stehn/
Man wird ja Tag für Tag den Seidenzeug außmessen/
und zu Mittag für Müh nicht einen bissen essen/
Gewürtz und Spezerey verkauffen wol mit Macht/
bey lauter Centnern wegwägen Tag und Nacht.
Der Schuster wird sein Geldt vor Schuh nicht können zehlen/
Den Schneider wird das Volck umb neue Kleider quelen/
Der Brewer nimbt nicht ab/ der Becker der wird reich/
Der Kirschner füttert stäts/und feyret keinen Streich.
Es hitzen bey dem Feur die Schmid/die Amboßschläger/
Es tauren mich allein die armen Degenfeger/

Die haben nichts zu thun: Last Degen/ Degen seyn/
macht einen Pflug darfür/und eine Pflugschar drein.

Ihr Bauren spannet an die starcken Acker Pferde/
klatscht mit der Peitschen scharff/die Pflugschar in die Erde/
Säet/ Hirsche/ Heidel/ Korn/ Hanf/ Weitzen/ Gersten auß/
Kraut/ Ruben/ Zwiebeln/ Köhl/ füllt Keller/ Boden/ Hauß.

Ihr Gärtner werdet dann zu Marckt können fahren/
und lösen manchen Batz auß euren grünen Wahren/
dann kehret ihr mit Lust fein in ein Küchlein ein/
und esst ein stücklein Wurst und lescht den Durst mit Wein:
Juch/ Juch/ ihr seyt befreyt von tausend tausend Nöthen/
und schlaffet biß es tagt mit euren Bauren Greten.

Ihr Wirthe freut euch auch/ der Friede trägt euch ein/
Es wird die Stub und Stall voll Gäst und Pferde seyn/
Voraus die ihr wol ligt/ beym weiß und roten Hanen/
Beim Baum/ Bärn/ Engel/ Stern/ Wolf/ Laffe/ Thürnen/ Schwanen/
Beim Bitterhold/beim Creutz/Ganß/Rindfuß/Rädlein/Tisch/
beim wilden Mann/ Kron/ Mond/ beim güldnen Ochsen/ Fisch/
Beim Ochsenfelder auch: Ihr krieget gute sachen/
Ihr wolt denn selbsten nicht/ die Zech Wirthlich machen/
doch glaub ichs gäntzlich nicht: Nun es hat keine Noth/
Ein jeder gebe mir ein gutes Botenbrodt.

Doch dieses alles recht mit beten und mit dancken/
daß keiner überschreit der Erbarkeiten Schrancken/
Es dancke alles Gott/ es danck Ihm frü und spat/
was kreucht/ fleugt/ lebt und schwebt/ und was nur Odem hat.

Gedruckt im Jahr nach der Geburt unsers HErrn Jesu Christi 1648.

34. Der Friedensreiter

LXXXVIII.

D. LVCÆ HOLSTENIO

CANONICO S. PETRI. *Romam.*

***Iter Monaſterio VVeſtphaliæ Aquiſgranum anno* M. DC. XLIX.**
in ipſo itinere ſcriptum in pugillaribus.

HVNC etiam lectica velis lenire dolorem:
Tu mihi Muſarum ſtimulos,tu carminis æſtum
Sufficis, & docti celebratum numinis antrum
Clauſa refers; tua nec Phœbum cortina fefellit;
Tu curas animo, tu tœdia longa viarum
Abſtergis placido per amica ſilentia raptu.
Eia age, da numeris rurſum brumale paratis
Scribere iter, quódque & cupidis recitetur amicis,
Et verſu non ficta canat, permixta iocoſis
Seria connectens, vario diſcrimine rerum,
Et pugillares placituris compleat actis.
Septima iam lento greſſu diffugerat æſtas,
Ex quo Weſtphalicâ Pacem ſectabar in vrbe
Tot Legatorum medius, quot maximus Orbis

Die Reise von Münster in Westfalen nach Aachen im Jahr 1649

An Lukas Holste, den Domherrn von St. Peter in Rom

Bericht über die Reise von Münster in Westfalen nach Aachen im Jahr 1649, direkt während der Reise niedergeschrieben.

Bitte, liebe Sänfte, laß mich auch auf dieser Reise nicht im Stich. Du spornst mich doch immer zu musischem Schaffen an und weckst in mir die Lust, Gedichte zu verfassen. Weil ich mich in dir verbergen kann wie in der vielbesungenen Grotte des Dichtergottes Apoll und weil es in dir so wohltuend still ist, kommen mir viele Inspirationen. So sorgst du dafür, daß mein Geist beschäftigt ist, wodurch mir die langen Reisen viel weniger unangenehm erscheinen.
Also los! Hilf mir, auch über diese Winterreise ein schönes Gedicht zu verfassen, das meine Freunde, die alles ganz genau wissen möchten, in ihrem Kreis vorlesen können. Meine Verse sollen die verschiedenen Ereignisse während der Reise wahrheitsgetreu wiedergeben; dabei soll sich Ernstes mit Heiterem mischen. So wird hoffentlich der ganze Bericht meinen Lesern gefallen.
Sieben lange Jahre verbrachte ich in der Hauptstadt Westfalens, wo ich mich als Vermittler zwischen den vielen Gesandten

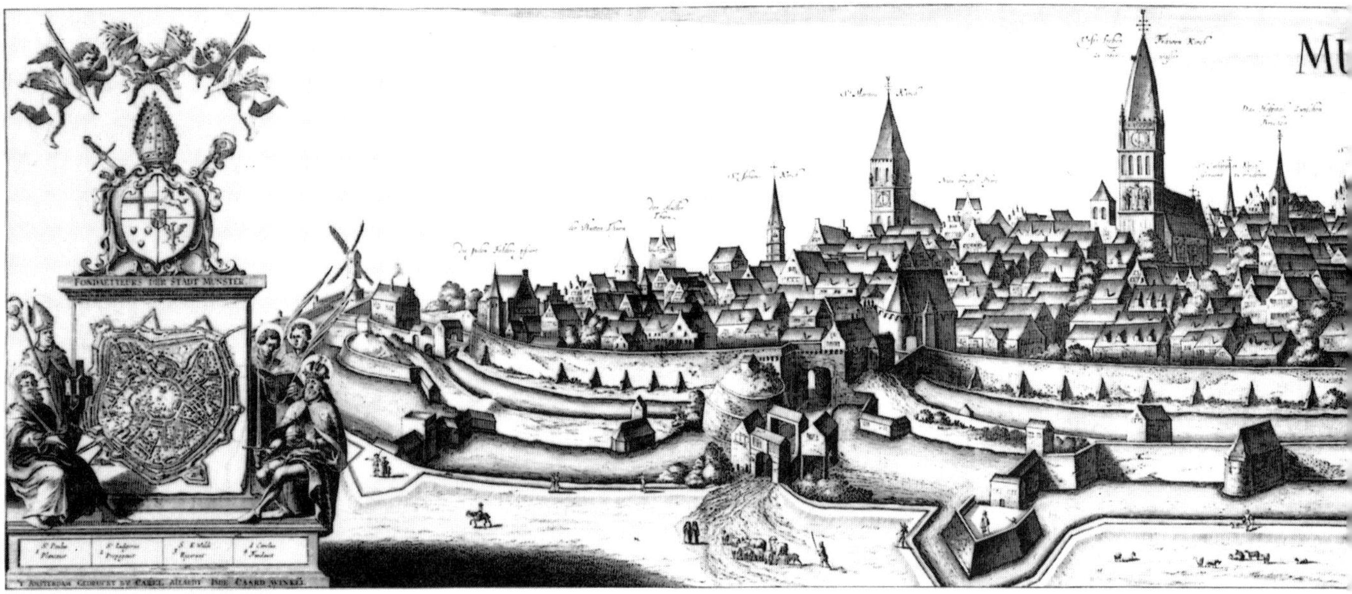

35. *Stadtansicht Münsters, um 1650*

ER

36. Kardinal Jules Mazarin, (1602 – 1661)

Contulit Europæ, quos mens diuerſa coëgit,
Mens rurſus diuerſa ſuas reiecit in oras.
Nam votis fruſtrata ſuis Germania diſcors,
Iurato quamquam ſtrinxiſſet fœdere dextras,
Norica tecta nouis complebat mœſta querelis;
Et Regum amborum Proceres abiêre relicto
Concilio, & cœptæ rupêre negotia Pacis.
Tantæ molis opus Pax eſt, vbi Martia Gentis
Pectora diſſidiis ſemel incaluêre cruentis.
Tunc ſpe deluſum tandem, poſtremus vt Alpham
Deſererem ſancti indulſit clementia Patris,
Permiſitque auras alibi captare ſalubres.
Sed pluuiæ, & varij tentantes viſcera morbi
Protraxêre viam, dum iam brumalibus horis
Flecteret auricomos ſpatio breuiore iugales
Cynthius, & tardas noctis produceret vmbras;
Gallorum extemplò cùm Regis epiſtola venit,
Et me colloquiis Pacis cupit eſſe ſequeſtrum,
Quæ Mazarinus ſacro ſpectabilis oſtro,
Atque Comes Peneranda ineant; vrgétque remotâ
Poſthabitâ vt regione, celer veſtigia flectam,
Quà vaga finitimis ſociantur Lilia Belgis.
Ergo Syracuſiæ lux conſecrata Puellæ,
Tertia poſt decimam quam fert aurora Decembris,
Suaſit iter Mimigarda tuis è mœnibus oram
Auſtralem verſus, quà concitat Africus imbres.

aus ganz Europa unablässig um Frieden bemühte. Aber ebenso uneinig, wie die Abgeordneten aufeinandergetroffen waren, kehrten sie letztlich auch wieder in ihre Heimat zurück. Denn das zerstrittene Deutschland willigte zwar in die Verträge ein, obwohl es sich in seinen Hoffnungen getäuscht sah, mußte aber dann traurig mit ansehen, wie sich in Bayern neue Klagen erhoben. Die Gesandten von zwei Königen reisten vorzeitig ab und gefährdeten so die begonnenen Friedensverhandlungen. So schwer ist es, Frieden zu schaffen, wenn die Völker erst einmal von der Kriegslust gepackt sind und förmlich darauf brennen, zu kämpfen und zu morden!

Ich selbst war vom Ergebnis der Verhandlungen sehr enttäuscht und daher froh, als der Heilige Vater mir – als Letztem! – gütig erlaubte, meinen Aufenthalt an der Aa zu beenden. Endlich konnte ich anderswo gesündere Luft einatmen! Aber Regenwetter und verschiedene Probleme mit meinen Nieren[55] zwangen mich immer wieder, die Abreise aufzuschieben, bis es schließlich Winter wurde. Da erreichte mich plötzlich ein Brief des französischen Königs; er wollte, daß ich bei den Friedensverhandlungen zwischen Kardinal Mazarin[8] und dem Grafen Peñaranda[10] vermittelte. Deshalb sollte ich mich nicht weiter um das Geschehen in Münster kümmern, sondern diese Region unbedingt schnell verlassen, um die unruhigen Franzosen unter dem Lilienbanner zu einem Bündnis mit den belgischen Nachbarn zu bewegen.

Früh am Morgen des 13. Dezember, am Fest der heiligen Lucia also, verließen wir daher dich, Mimigarda, in Richtung Westen.

37. Don Gaspar de Braccamonte y Guzman, Conde de Peñaranda, (1596 – 1676)

Præcedit Tubicen, conductáque plauſtra ſequuntur;
Pars famulûm ſublimis equis, pars altera rhedâ
Vectatur: námque vrbanam traxêre iugales
Tres vacuam, ſeni (melior quo clauſa ſupellex)
Exagitant currum geminâ pelle vndique tectum.
Abnueram feſtos plaudentum admittere bombos,
Quandoquidem ſanctæ Fidei noua damna dediſſet
Vana ſuperſtitio, diris onerata, meâque
Deleſtata manu; quæ ſacris cauſſa repentè
Abſcedentem aris, lecticæ in ſedibus abdit
Orantem Superos, & fortunata precantem.
Sed repetis Franciſce tuis Guilielme lacertis
Complexus, magnus Boiorum ſanguine; ſed quem
Maiorem virtute canent venientia ſæcla,
Sit Mindæ Verdæque licet prærepta Tiara
Vi Martis, nec adhuc patrem Oznabruga ſalutet.
Poſt vallum armorum Præſes mihi dicit amicum
Supremúmque vale: magno tormenta boatu
Bellica diſceſſus populo tum ſigna dedêre.
Maturamus iter, niſi quà vada cæca morantur,
Inuitóſque tenent cœnoſa obſtacula currus.
Vidi ego, cùm mediis fractus pons falleret vndis,
Et raperet veſtes & doctæ Palladis arma,
Credita robuſto plauſtro; vis iuncta virorum
Erigit, & rurſum limo defixa tenaci
Eſſeda conſpicio, donec labor arſit equorum,

Angeführt wurde unser Zug von einem Trompeter, gemietete Wagen folgten, dann kamen – hoch zu Pferde beziehungsweise in Wagen – die Diener. Der prächtige Reisewagen, gezogen von drei Gespannen, blieb leer; ein weiterer mit sechs Gespannen transportierte den recht wertvollen Hausrat, der durch ein doppeltes Lederverdeck von allen Seiten geschützt war. Ich hatte es abgelehnt, mit lauten Kanonenschüssen verabschiedet zu werden, weil ich sehr unzufrieden war; der unheilvolle Irrglaube des Protestantismus hatte dem katholischen Glauben ja viel neuen Schaden zugefügt. So etwas konnte ich nicht unterschreiben![56] Aus diesem Grund verbarg ich mich tief in den Kissen meiner Sänfte, als wir sofort nach der Messe aufbrachen; dabei rief ich Gott an und betete um eine gute Reise.

Franz Wilhelm[15] nahm mich zum Abschied mehrmals in die Arme; er ist ein großartiger Mann aus bayerischem Geschlecht, den die kommenden Generationen für seine Tüchtigkeit bewundern werden – mag er auch durch den Krieg Minden und Verden als Bistümer verloren haben, und mag er selbst in Osnabrück nicht mehr als Vater begrüßt werden. Als ich außerhalb der Stadtmauern war, sagte der Stadtkommandant[11] mir ein letztes herzliches Lebewohl, indem er laute Kanonenschüsse abfeuerte, die dem Volk meine Abreise anzeigen sollten.

Wir kamen zügig voran – außer dort, wo unsere Wagen von Schlaglöchern, deren Tiefe man nicht erkennen konnte, und von morastigem Boden behindert wurden. Einmal mußte ich mit ansehen, wie eine Brücke, die eigentlich einen recht stabilen Eindruck machte, in sich zusammenbrach und einen schweren Lastwagen mit Kleidern und Büchern ins Wasser riß! Mit vereinten Kräften richteten meine Männer den Wagen wieder auf, aber bald schon saß er wieder im zähen Schlamm fest. Selbst 12 Pferde schafften es schließlich nur unter größter Anstrengung,

38. Fürstbischof Franz Wilhelm von Wartenberg, (1593 – 1661, reg. seit 1625)

Et vix bis ſeni pariter traxêre iugales.
Iam breuis occiduas Sol inclinauerat horas,
Et medium reſtabat iter, multóque peracto
Deterius: latè paſſim ſtagnantia riuis
Prata iacent, dudum nullos experta ligones,
Nec nauem paſſura. Galen hîc obuius vnus
E dominis ſummæ Mimigardâ venerat ædis,
Queis ſacri præbent canones venerabile nomen.
Ille Ludinghuſæ lunâ rutilante recepit
Sedulus hoſpitiis, ac multo comis honore.
Poſteà per medias iterùm via cœpta paludes,
Quam tandem egreſſi, ſiccis vectamur arenis;
Improuiſus adeſt recto cùm tramite Præſul
Fortè Sebaſtenus rhedâ, noſtróſque ſerenus
Currit in amplexus. Quatuor tum millia menſos
Excipit Halternæ dapibus nos Prætor, & hoſpes
Ipſe ſuâ nitidus populo de lance miniſtrans
Ex æquo Imperij leges, & iura culinæ.
Cedenti comes ire cupit; ſed amica volentis
Cura ſatis, tali grates pro mente rependi.
Hinc via Dorſtenam capta eſt, quam tertia noctis
Hora dedit: portam ſed tactus labe Lutheri,
Cæſareus quamuis Vbiorum Principis vrbem
Obtinuit præſes, tardo molimine pandit,
Viſcera cauſatus miſero diſtricta dolore:
Seu tamen hic morbus fuerit, ſeu tarda voluntas,

ihn herauszuziehen. Als die Sonne bereits unterging, hatten wir daher zum einen noch die Hälfte des Weges vor uns, zum zweiten ein schweres Hindernis, gegen das das bisher Erlebte geradezu harmlos war: weit und breit war alles hoffnungslos überschwemmt. Und da man die Wege schon lange nicht mehr mit Hacken bearbeitet hatte, war es einerseits fast unmöglich, sich mit den Wagen vorwärtszubewegen, aber andererseits war das Wasser doch zu niedrig, um Kähne zu benutzen. Hier begegnete uns Galen[6], einer von Münsters Domherren, denen das kanonische Recht diesen ehrwürdigen Namen gibt. Am späten Abend – der Mond war schon aufgegangen – nahm er uns in Lüdinghausen[27] auf; er war ein aufmerksamer und zuvorkommender Gastgeber, der uns große Hochachtung entgegenbrachte.

Am anderen Morgen setzten wir unsere Reise zunächst auf matschigem Boden fort; später konnten wir endlich trockene Sandwege befahren. Wie der Zufall es wollte, begegneten wir auf einem Weg, der sich mit unserem kreuzte, überraschend dem Bischof von Sebaste[14] in seinem Reisewagen; er lief mir sozusagen geradewegs in die Arme, die ich hocherfreut zur Begrüßung um ihn legte. Nach vier Meilen kamen wir nach Haltern[22], wo uns der Bürgermeister zum Essen empfing. Unser Gastgeber, der richtig rosig gesund aussah, bediente das Volk höchstpersönlich aus seiner Schüssel und servierte ihnen gleich zweierlei: die Gesetze des Reiches und die Brühe aus der Küche![58] Als wir weiterreisten, wollte er uns begleiten, aber da wir seine Freundlichkeit bereits genug in Anspruch genommen hatten, dankte ich ihm nur für seine Bereitwilligkeit. Von hier aus ging es weiter Richtung Dorsten[19], wo wir um 3 Uhr nachts eintrafen. Ein kaiserlicher Offizier, der sich vom Irrglauben der Lutheraner hatte anstecken lassen, obwohl er in Diensten des Kölner Kurfürsten stand und mit der Verwaltung der Stadt betraut war, öffnete uns das Stadttor in einer unbeschreiblichen Gemächlichkeit. Als Grund für seine Langsamkeit gab er quälende Bauchschmerzen an. Das mag gestimmt haben, genauso gut kann er aber auch von Natur aus faul gewesen sein.

39. Stadtkommandant Johann von Reumont, (1600 – 1672)

Obſequio verbis prompto mox ſedulus orat,
Vt mea nocturnis tacitum det teſſera ſignum
Excubiis: promptum delati munus honoris
Abnuo; morborúmque aliquam ſubmitto medelam.
Manè aderat ſanus, méque extra mœnia duxit.
Stagnantes iterùm colles, nemorosáque latè
Ac ſterilis tellus transfert ad clauſtra ſacratis
Virginibus culta: at clauſis nos vndique portis
Hoſpitio prohibent, precibus pretióque rebelles.
Vulgus inhumanum putri de nomine ſemper
In Sterkenroden toto memoraberis Orbe.
Progredimur triſtes, Æmſuri flumina donec
Sublicium pluuiis auctis ſuperantia pontem
Tranſmittunt vacuæ rhedæ, ac lectica natantes:
Nos ſequimur cymbà, & Phœbo Mulhemia tecta
Tangimus occiduo. Vicinæ ſubiacet arci
Pagus, vtrique Comes dominans, inuitat vt ædes
Ingrediar proprias: dederam ſed lumina ſomno,
Quem crebrâ exagitata manu teres antlia turbat.
Tum matutino diſceſſum prorogat imbri
Phoſporus, ínque diem tenebras extendit inertes,
Et rapidis tum Rura fluens excreuerat vndis,
Soláque traiectum dabat vni cymbula plauſtro,
Haud remi patiens, tenui ſed torpida conto:
Illa vices igitur repetens, nos ordine portat
Littus in aduerſum, tres colluctata per horas.

Obuius

Immerhin bot er mir wenig später dienstbeflissen an, über die nächtlichen Wachposten frei zu verfügen; damit wollte er mir wohl seine Gunst und Gefälligkeit bezeugen. Aber ich verzichtete auf diese Ehre. Gegen seine Krankheit ließ ich ihm ein Mittelchen bringen, woraufhin er am anderen Morgen völlig gesund zur Stelle war, um mich bis vor die Stadtmauern zu begleiten.

Wir durchquerten Hügellandschaften, die nach wie vor unter Wasser standen, Wälder sowie Heidegebiete und gelangten schließlich zu einem Frauenkloster.[34] Hier aber blieben sämtliche Tore verschlossen, und weder durch Bitten noch durch Geldangebote ließen sich die Nonnen erweichen, uns Gastfreundschaft zu gewähren. Durch mein Gedicht wird dieses unfreundliche Volk in der ganzen Welt bekannt werden, zumal es – passenderweise – einen schrecklichen Namen trägt: Sterkrade.[59]

Enttäuscht zogen wir weiter, bis wir ans Ufer der Emscher kamen. Dort war die auf Pfählen gebaute Brücke aufgrund der starken Regenfälle überflutet, so daß wir die Wagen und die Sänfte mitten durch das Wasser leer hinüberschaffen mußten. Wir selbst folgten in einem Kahn.

Am Abend erreichten wir die Stadt Mühlheim[28], die am Fuße einer Burg liegt. Der Graf, der über Ort und Burg das Sagen hat, lud mich in sein eigenes Haus ein. Ich legte mich schlafen, aber eine häufig benutzte Pumpe störte meine Ruhe.

Am anderen Morgen verzögerte Regen unsere Weiterreise. Es wurde den ganzen Tag über nicht richtig hell, und die Ruhr schwoll durch den Niederschlag stark an. So mußten wir mit der einzigen vorhandenen Fähre einzeln übersetzen, wobei wir noch nicht einmal das Ruder einsetzen konnten, sondern uns mit Hilfe der dünnen Ruderstange mühsam vorwärts schoben. Geschlagene 3 Stunden kämpfte die Fähre mit den Fluten, bis sie so oft hin und her gefahren war, daß sie uns der Reihe nach ans andere Ufer gebracht hatte.

40. Fürstbischof Christoph Bernhard von Galen (1606 – 1678, reg. seit 1650)

Obuius hîc Comes, & magnâ ſtipante caterua
Dat dextram, dapibúſque inſtat recreare paratis:
Sed properare iuuat, dum Phœbus & aura fauebant.
Arua per & ſaltus repens bis ſtagna natauit
Lectica, & bis plauſtra luto rhedæque profundo
Merſæ obluctantûm ruperunt pectora equorum.
Hinc Walinckhuſæ firmas tranſiuimus ædes;
Et iam vicinis è turribus æra ſonabant
Tertiam, vt ad Rhenum nos Cæſaris inſula cepit.
Flanſius occurrit nobis, qui præſidet vrbi,
Impiger officio, Bauari præcepta ſecutus
Principis. Hic variis decoratur tempora mitris
Fernandus, ſupplex domito cui Legia Moſâ
Paret, & ingentem regina Colonia Rhenum,
Et Paderam Padiborna, Amaſim Mimigarda, Cheruſcos
Hildeſia antiquos latâ ditione gubernat.
Excipit ergo tonans diſploſis vndique belli
Tormentis nos Verda ſuis, ſtrepitúque tubarum,
(Verda diu terris Suiberto clara, priuſquam
Diceret ipſe ſuo Fridericus nomine Cæſar)
Hoſpitióque fouet, dum Diui manè ſequente
Ante aram Sacris operor, quem tertius olim
Adſcripſit Superis Leo; ſic quia magnus ibidem
Carolus expetiit, præſens cæleſtia ſancti
Mirans geſta Patris: populo ſpectante ſub ipſos

Hier kam uns der Graf dieses Gebietes mit etlichen Gefolgsleuten entgegen, gab mir die Hand und bestand darauf, daß wir bei ihm eine Verschnaufpause einlegten; er hatte das Essen schon vorbereitet. Wir hielten uns jedoch nicht lange dort auf, weil wir möglichst weit kommen wollten, solange es hell war.

Unser Weg wand sich durch Felder und Wälder; zweimal mußte ich in meiner Sänfte mehr durch die Tümpel schwimmen als daß ich hindurchgetragen wurde, und zweimal steckten unsere Wagen im tiefen Schlamm so fest, daß das Geschirr den Pferden fast die Brust zerdrückt hätte, als sie sie herausziehen wollten.

Vorbei an Wallinghausen ging es schließlich zur Kaiserinsel am Rhein, wo wir gegen 3 Uhr nachmittags eintrafen. Flansius, der die Stadt unverdrossen und pflichtbewußt verwaltet, kam uns entgegen. Er untersteht dem Befehl des bayerischen Fürsten Ferdinand[4], der mehrere Bistümer besitzt: Lüttich, die Stadt an der Maas, gehorcht ihm ergeben, Köln, die Königin, beherrscht für ihn den gewaltigen Rhein, Paderborn die Pader, Mimigarda die Ems und Hildesheim gebietet weithin über die alten Cherusker. Nun waren wir also in der Stadt Werth, die uns mit Kanonenschüssen und Trompetengeschmetter äußerst gastfreundlich empfing. Früher war der Ort lange nach dem heiligen Suitbert benannt, bevor er seinen Namen von Kaiser Friedrich selbst erhielt: Kaiserswerth[25]. Am frühen Morgen des folgenden Tages las ich hier die Messe an genau demselben Altar, den einst Leo III. auf Wunsch und in Gegenwart Karls des Großen geweiht hatte. Der Kaiser und das zahlreich versammelte Volk wurden Zeugen eines Wunders,

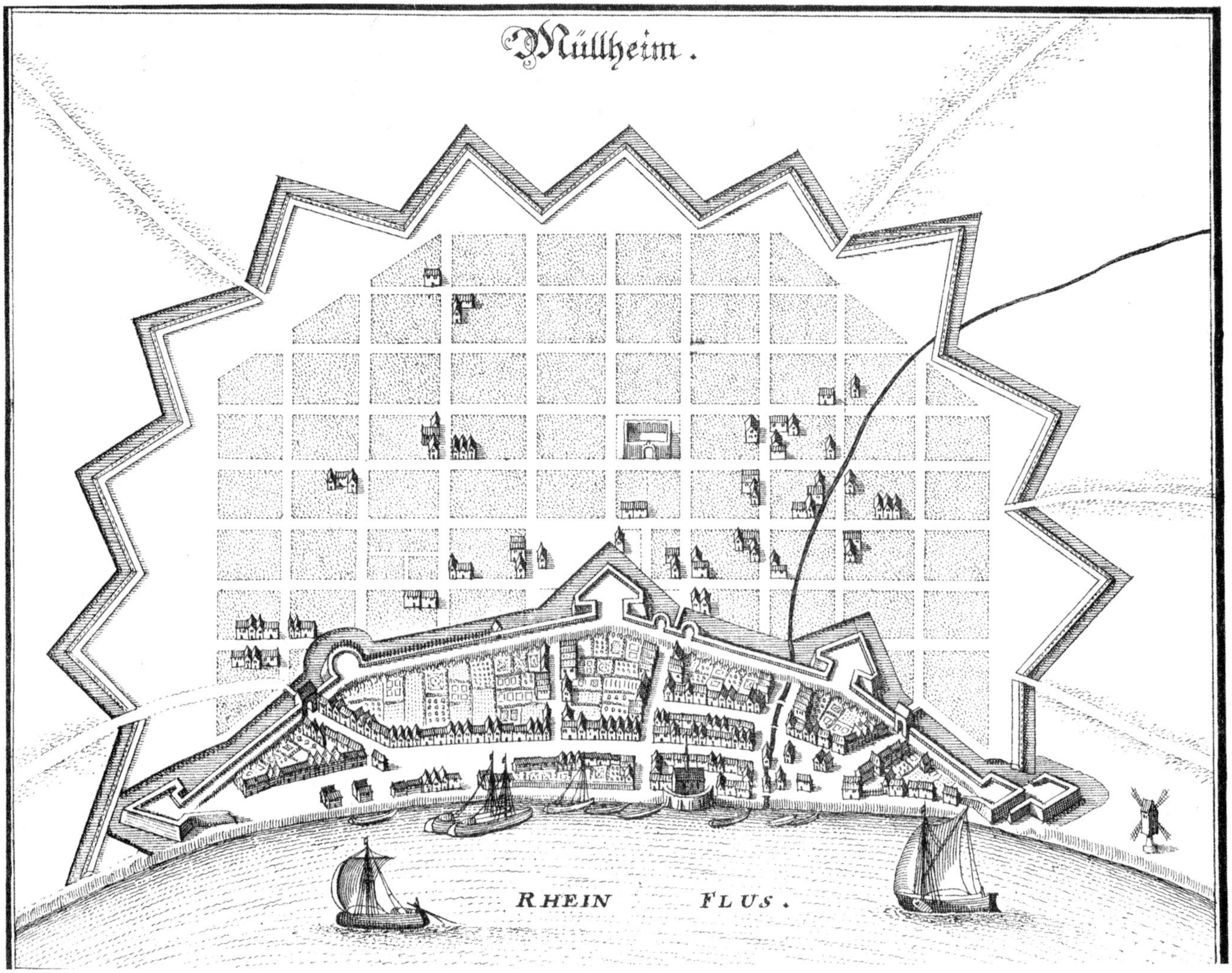

41. Mühlheim

Námque ferunt hymnos, incenſáque thura beatis
Oſſibus, illuſtrem Soſelinum ad munera vitæ
E tenebris lethi reuocatum, gurgite poſtquam
Quindenis hauſtum Rhenus ſubmerſerat horis,
Paruulus aduerſo cùm Xantho flumine Verdam
(Caſtrorum veterum mutauit nomina Xanthum)
Spectatum celebris properat ſolemnia Diui.
Sic Cælo & Muſis carus, ſenióque verendus
Kempenſis docto referebat Vilmius ore.
Hinc ego quà tenuis miſcetur Duſſela Rheno,
Mitto ſalutatum Wolfgangum Heroa, Ducémque,
Atque Palatinum Comitem. Rogat ille, viciſſim
Legatum mittens, oblatâ vt perfruar Aulâ.
Abnuo, ſed grates reddens, mihi nempe legendum
Feſtino cauſatus iter glaciale: datámque
Poſt requiem feſſis, & pabula larga quadrigis,
Milite defenſos placuit præmittere currus.
Aurorâ ſurgente, citi ventíſque ſecundis
Tranſuecti fluuium, ſeptem delabimur horis
Vſq; Eltzen Equitis Reuſchenberg Teutonis arcem.
Ipſe hilari, quamuis morbo diſtentus acuto,
Excipit ore tamen, faciléſque accommodat ædes.
Adfuit hìc nobis comitatum miſſus ab arce
Iuliaci clarus miles: quin luce renatâ
Cùm medium ſuperabat iter, ſelecta Draconum
Turma equitum effuſis velox occurrit habenis;

das sich direkt während der Feierlichkeiten ereignete: während man nämlich die Loblieder sang und der Weihrauch bei den Gebeinen des Heiligen entzündet wurde, erwachte jener bekannte Soselinus wieder zum Leben, ein kleiner Junge, der damals stromaufwärts von Xanten (ehemals *Castra Vetera*) nach Werth gefahren war, um an der feierlichen Zeremonie teilzunehmen, dabei aber untergegangen war und 15 Stunden im Rhein trieb. Diese Geschichte ist bei Vilmius überliefert, einem Gelehrten aus Kempen, der sein bewundernswert langes Leben allein damit verbracht hat, Gott zu dienen und Gedichte zu verfassen.

Dorthin, wo die kleine Düssel in den Rhein fließt, ließ ich dem heldenhaften Wolfgang, Herzog und zugleich Pfalzgraf[16], von hier aus herzliche Grüße überbringen. Er schickte mir im Gegenzug ebenfalls einen Gesandten und bot mir an, in seinem Schloß zu wohnen. Ich war ihm sehr dankbar für diese Einladung, mußte jedoch absagen, da wir uns aufgrund der vereisten Wege keine lange Rast leisten konnten. So gönnten wir unseren erschöpften Gliedern nur eine kurze Pause, in der wir auch die Pferde mit reichlich Futter versorgten; der Graf war so freundlich, uns unterdessen einige Wagen mit Soldaten zu unserem Schutz zu schicken. Bei Sonnenaufgang überquerten wir unter günstigen Windverhältnissen schnell den Rhein und gelangten in 7 Stunden nach Elsen[21], zur Burg des deutschen Ordensritters Reuschenberg. Obwohl jener durch eine schwere Krankheit ans Bett gefesselt war, empfing er uns freudig und sorgte für eine komfortable Unterbringung. Ein tapferer Soldat, der zu unserer Begleitung aus Jülich geschickt worden war, erwartete uns schon; am nächsten Tag galoppierte uns auf halbem Wege sogar noch ein Trupp ausgewählter Dragoner entgegen.

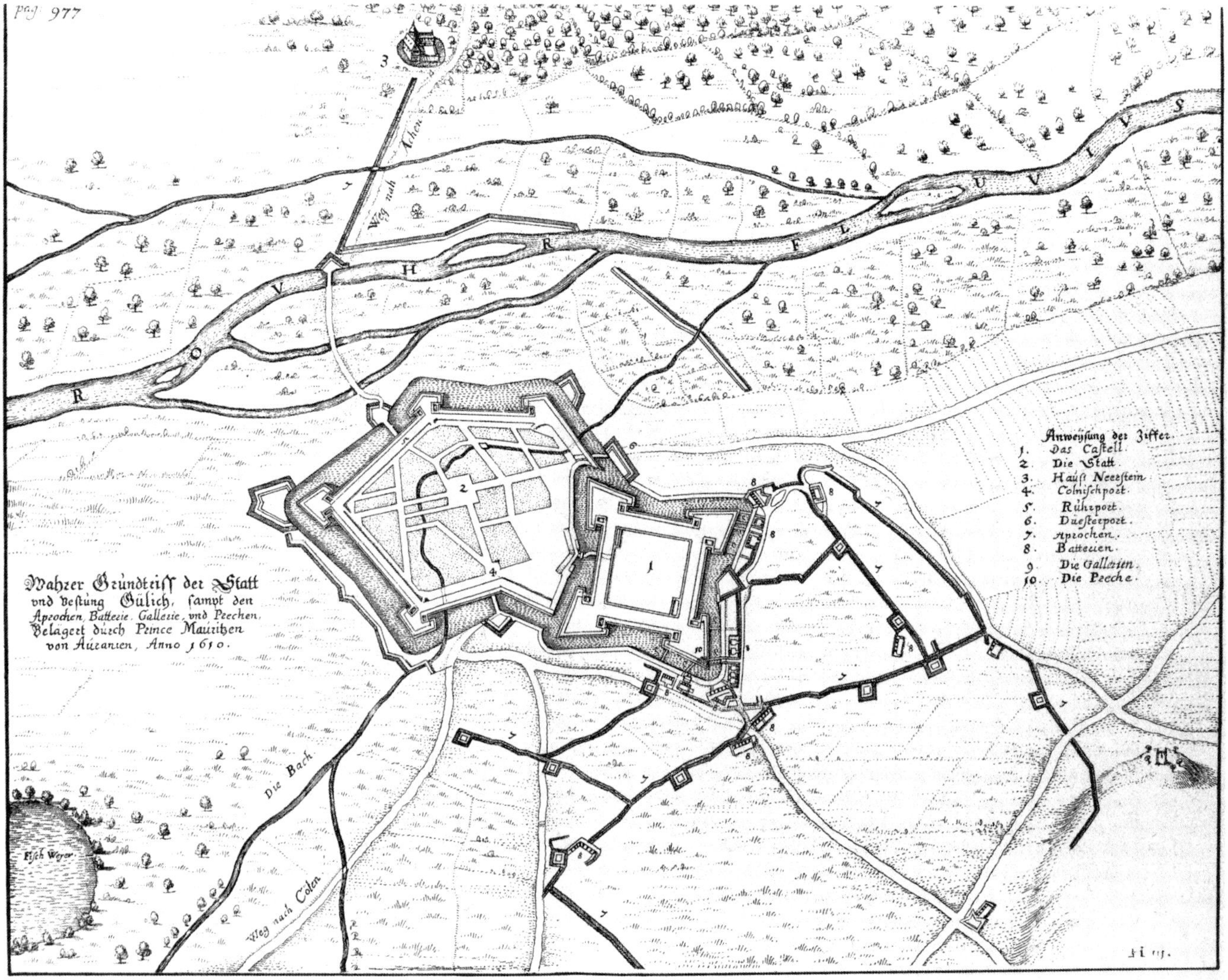
pag. 977
ROVHR FLUVIUS
Weg nah Achen
Wahrer Grundtreiss der Statt
vnd Vestung Gülich, sampt den
Aprochen, Batterie. Gallerie, vnd Peechen.
Belägert durch Prince Mauritzen
von Auranien, Anno 1610.
Anweysung der Ziffer.
1. Das Castell.
2. Die Statt.
3. Hauß Neerstein
4. Colnischport.
5. Rühzport.
6. Düesterport.
7. Aprochen.
8. Batterien.
9. Die Gallerien.
10. Die Peeche.
Die Bach
Weg nach Cölen
Fisch Weyer

42. Jülich

Atque audiſſe refert Lotharingos agmine facto
Ad Moſam, Stephani quà ſurgit Verda, fluentum
Tranſmiſiſſe, minis precibúſque hyberna petentes
Inſultare agro. Patriis extorris ab oris
Miles hic infeſti perfert incommoda Martis,
Afflictíſque infert populis, certíſque fugatus
Sedibus, infames ſpoliis traducere brumas
Cogitur; & paribus concurrere viribus impar
Gallorum metuens, Hiſpanis iungitur armis,
Cùm pugnæ redeunt & florida tempora veris.
Nil tamen hæc nobis metuendum nuntia ſuadent.
Inceptum tentamus iter; cúmque hora notaret
Tertia decliuem cæli de vertice Solem,
Iuliacum ſubiens, multis cùm machina bombis
Bellica perſtreperet, me Patrum ad clauſtra recepi,
Quos à Franciſci Fratres dixêre cucullo.
Turrius hîc Gabriel Regis moderatur Iberi
Arma pius, fortíſque manu; qui teſſeram & ipſe
Obtulit, atque vrbis claues, & iura, dapéſque.
Hunc lecto affixum viſens, cruce fauſta precando,
Conſortémque thori ac ſobolem mea dextera ſignat:
Ipſe mihi clemens Italis ex arce duobus
Indulſit profugis vitam, veniámque petenti.
Poſt noctis placidam requiem, de more ſolutis
Antè Deo Sacris, ortâ iam lampade Phœbi,
Traiicio Roræ pontem, concretáque duro

Die Reiter berichteten, es gehe das Gerücht, die Lothringer hätten sich in Marsch gesetzt, bereits die Maas bei St. Stevenswerth überschritten und streiften nun durch die Lande, wo sie unter Drohen und Bitten Winterquartiere für sich einzufordern versuchten. Die Soldaten sind aus ihrer eigenen Heimat vertrieben worden, haben also keine sichere Zufluchtsstätte und sind dadurch gezwungen, sich im harten Winter mit Plünderungen über Wasser zu halten. So geben sie das Leid, das sie selbst durch den schlimmen Krieg erfahren haben, an die unglückliche Landbevölkerung weiter. Aus Furcht, den mächtigen Franzosen nicht gewachsen zu sein, wollen sie sich mit den Spaniern verbünden, wenn im nächsten Frühling die Kämpfe wieder aufgenommen werden.

Trotzdem brauchten wir uns wegen dieser Nachrichten keine Sorgen zu machen. So setzten wir unsere Reise fort und kamen gegen 3 Uhr – die Sonne begann schon unterzugehen – nach Jülich[24], wo die Kanonen Salutschüsse für uns abfeuerten und dabei einen schrecklichen Lärm machten. Ich zog mich ins Kapuzinerkloster zurück. Der spanische Befehlshaber der Stadt, Gabriel Turrius, ein frommer und zugleich tapferer Mann, stellte uns seine Truppen zur Verfügung, sorgte für unsere Verpflegung und übergab uns die Schlüssel und damit die Rechte der Stadt. Da er selbst krank im Bett lag, besuchte ich ihn und segnete ihn sowie seine Frau und sein Kind mit dem Zeichen des Kreuzes. Als ich ihn um Gnade für zwei Italiener bat, die aus der Burg geflohen waren, zeigte er sich milde und schenkte ihnen das Leben.

Nach einer ruhigen, erholsamen Nacht las ich wie gewöhnlich die Messe, bevor wir bei Sonnenaufgang die Rur auf einer Brücke überquerten. Anschließend ging es über hartgefrorene Felder weiter,

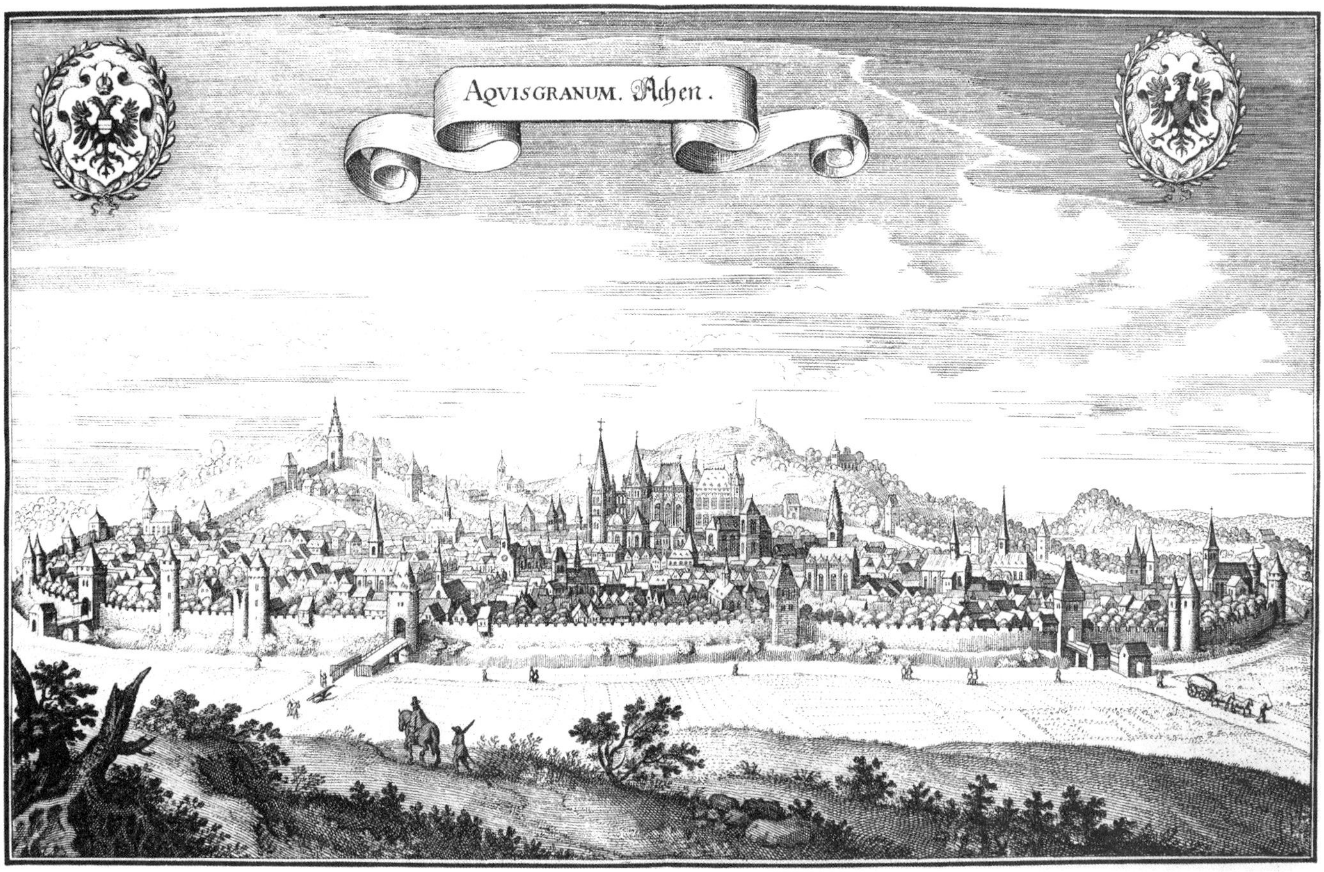

43. Aachen

180 PHILOMATHI

Arua gelu: nam ſtrata rotis ſtant inuia equíſque,
Imo quà dudum defluxerat orbita fundo.
Tranſimus lento tecta Aldenhouia greſſu,
Complanántque vias impreſſi ſæpè ligones.
Zurvvidem vacuo diffugerat incola pago,
Lotthariosmetuens: glacie quà ſtricta nitebat
Semita deſcendo, repto pedes, improba motu
Frigora diſcutio membris: viduata colonis
Vndique tecta ſuis, Horníque ſuburbia cernens,
Sexdenos equites, noſtri tutamina curſus,
Iuliacum grates referens munúſque remitto.
Et noctis tenebris, dum mœnibus æra boarent,
Tectus Aquiſgranum ingredior, templúmq; Ioannis
Baptiſtæ ſubeo; feſſis vbi dulce leuamen
Auguſtine tuis dat ſacra nepotibus ædes;
Et finem noſtro fert lux octaua labori.

wo wir uns oft mit Hacken den Weg ebnen mußten. Die Straßen waren nämlich völlig verschlammt und daher unbefahrbar; Pferde und Wagen wären sofort im tiefen Boden versunken. So passierten wir langsam Aldenhoven[18] und später Zurwidden, das alle Einwohner aus Angst vor den Lothringern verlassen hatten. Dann mußten wir einen Weg hinabsteigen. Auf dem hartgefrorenen Eis, das in der Sonne glänzte, setzte ich vorsichtig einen Fuß vor den anderen, wobei mir durch die ungewohnte Bewegung richtig warm wurde. Schließlich konnte ich die Vorstadt Horn[23] sehen, die ebenfalls völlig menschenleer dalag. Nun schickte ich die 60 Reiter, die uns zum Schutz begleitet hatten, mit Dank und Geschenken nach Jülich zurück.

Und in tiefster Nacht zogen wir unter Kanonengeböller endlich in Aachen[17] ein. Erschöpft bezogen wir unsere Unterkunft im Stift von Johannes dem Täufer, wo die Augustinerchorherren uns rührend umsorgten. So hatte am achten Tag unsere Plackerei ein Ende!

Biographien der von Chigi erwähnten Personen
(in alphabetischer Reihenfolge)

1)
Claude de Mesmes, Comte d'Avaux
(1595 – 1650)

Claude de Mesmes, Graf d'Avaux war als französischer Gesandter in Florenz, Mantua, Rom und Venedig tätig, bevor er ab 1637 als außerordentlicher Gesandter für Deutschland in Hamburg residierte. Dort nahm er an den Vorbesprechungen über den Ablauf der Friedensverhandlungen teil und vereinbarte 1641 den Hamburger Präliminarvertrag, in dem Münster und Osnabrück als Verhandlungsorte ausgewählt wurden. Kardinal Mazarin (vgl. Anm. 8) ernannte Avaux gemeinsam mit Abel Servien 1643 zu seinen Hauptgesandten für die Friedensverhandlungen in Münster (vgl. Anm. 42). Zwischen beiden Gesandten kam es zu heftigen Streitereien, die in der Herausgabe von öffentlichen Pamphleten gipfelten. Während Servien in der Gunst Mazarins stand, zählte Avaux zu den schärfsten Kritikern des Kardinals. Graf d'Avaux traf am 18. März 1644 in Münster ein und wohnte zunächst im Haus des Kanonikers Neuhof. Nach Ankunft des Herzogs Henri d'Orléans Longueville im Juni 1645 mußte er jedoch seinen Platz räumen und zog um in die Kettlersche Kurie am Domplatz 22, Ecke Pferdegasse. Zu seinem umfangreichen Haushalt gehörten mehr als 200 Personen. Gemeinsam mit dem Herzog von Longueville und dessen Frau Anne de Bourbon, die in Münster während des Friedenskongresses im Mittelpunkt des gesellschaftlichen Lebens standen, war er wenige Jahre später am Aufstand der Fronde beteiligt. Der französische Adel hatte gegen die Bestrebungen Mazarins protestiert, König Ludwig XIV. mit einer absolutistischen Machtfülle auszustatten und das Pariser Parlament zu entmachten.
Graf d'Avaux war ein treuer Verfechter der katholischen Kirche, erkannte aber die Protestanten als Verhandlungspartner an. Es gelang ihm auf dem Westfälischen Friedenskongreß zwischen den Reichsständen zu vermitteln und die unterschiedlichen Positionen Schwedens und Brandenburgs anzunähern. Am 21. November 1647 schloß er mit dem deutschen Kaiser Ferdinand III. eine Übereinkunft für Frankreich ab, deren Artikel in den Friedensvertrag übernommen wurden. Obgleich Avaux diplomatisch erfolgreich auf dem Friedenskongreß wirkte, fiel er bei Mazarin in Ungnade und wurde wenige Monate vor dem Friedensschluß abberufen.

Lit.: Dickmann, S. 196; Dictionnaire de Biographie Française, Bd. 4, 1948, Sp. 832 – 837; Duchhardt, S. 210 – 211; Kat. Der Westfälische Frieden, Nr. 90.

2)
Fabio Chigi
(1599 – 1667, seit 1655 Papst Alexander VII.)

Fabio Chigi wurde in Siena geboren, erhielt eine umfassende Ausbildung und absolvierte theologische sowie juristische Studien. Der im diplomatischen Dienst der päpstlichen Kurie stehende Chigi wirkte erfolgreich in Ferrara und Malta und wurde zum Bischof von Nardo (Süditalien) ernannt. Papst Urban VIII. entsandte den erfahrenen Diplomaten als Friedensvermittler zwischen den katholischen Staaten *(mediator pacis)* zu den Verhandlungen nach Münster. Vor seiner Abreise war er als Nuntius in Köln tätig, wo er sich bereits mit der deutschen Sprache vertraut machen konnte. Bei seiner Anreise nach Münster und während seines mehrjährigen Aufenthaltes in der Stadt (1644 – 1649) setzte er seine Eindrücke in lateinische Gedichte um. Seine Aufzeichnungen halten neben politischen Ereignissen auch Alltägliches fest. So vermittelt er uns ein aufschlußreiches Bild vom Leben in der Stadt Münster in der Mitte des 17. Jahrhunderts. Chigis umfassende Bildung und angenehmes Wesen ließen ihn zu einem gesuchten Gesprächspartner in politischen Diskussionen wie humanistischen Zirkeln gleichermaßen werden (vgl. Einführung). Während seines Aufenthaltes in Münster wohnte er im Minoritenkloster an der Neubrückenstraße, von dem lediglich die frühere Klosterkirche, heute ev. Apostelkirche, erhalten blieb.
Gegen den spanisch – niederländischen Friedensschluß legte er mehrfach Protest ein. Auch die Verträge zwischen dem deutschen Kaiser Ferdinand III. mit Frankreich und Schweden mißbilligte er, da sie seiner Meinung nach auf Kosten der katholischen Kirche abgeschlossen wurden. Chigi mußte die Säkularisierung von zwei deutschen Erzbistümern und sechs Fürstbistümern hinnehmen.
Unzufrieden mit dem Ausgang der Verhandlungen reiste Chigi 1649 zu seiner nächsten diplomatischen Mission nach Aachen ab. 1651 kehrte er nach Rom zurück und wurde zum päpstlichen Staatssekretär ernannt, ein Jahr später berief man ihn ins Kardinalskollegium. Nachdem das Konklave ihn 1655 zum Papst gewählt hatte, nahm er den Namen Alexander VII. an. Als Auftraggeber des Architekten und Bildhauers Giovanni Lorenzo Bernini (1598 – 1680) prägte er das barocke Gesicht Roms. Dazu zählen der Petersplatz mit den Kolonnaden, die „*Cathedra Petri*" im Petersdom und die „*Scala Regia*" am Eingang des Vatikanpalastes. Bernini gestaltete auch das Grabmal im Petersdom für den am 22. Mai 1667 verstorbenen Chigi.
Auch nach seiner Abreise war Chigi Münster stets eng verbunden geblieben. Als es bei der Bischofswahl 1650 zu Streitigkeiten zwischen dem Domdechanten Bernhard von Mallinckrodt und Christoph Bernhard von Galen kam, setzte sich Chigi bei Papst Innocenz X. für seinen langjährigen Freund Galen ein (vgl. Einführung). Dem Minoritenkloster spendete er insgesamt

als Ausgleich für seine mehrjährige Bewirtung während des Kongresses die große Summe von 3.162 Rtlr. 5 Schil.

Lit.: Dickmann, S. 193, 336 – 338, 456 – 458; Duchhardt, S. 188 – 189; H. Lahrkamp, Die Friedensproteste des päpstlichen Nuntius Chigi, in: QuF NF 5, S. 281 – 287; R. Krautheimer, The Rome of Alexander VII. 1655 – 1667, Princeton 1985; Kat. Münster 800 – 1800, Nr. 185; K. Repgen, Die römische Kurie und der Westfälische Frieden, Bd. I, Tübingen 1962; ders., Diarium Chigi, Bd. 1, Münster 1984 (= APW III C Bd. 1,1); Kat. Der Westfälische Frieden, Nr. 129.

3)
Wilhelm Wirich von Daun
(1632 – 1682)

Wilhelm Wirich von Daun war der Burgherr von Broich und Gastgeber Chigis.

Lit.: Bücker, S. 69.

4)
Ferdinand von Bayern
(1577 – 1650), Fürstbischof von Münster (reg. seit 1612)

Ferdinand von Bayern, der jüngere Bruder des regierenden Kurfürsten Maximilian von Bayern, sollte die Wittelsbacher Machtstellung in Nordwestdeutschland stärken. Nach dem Tod seines Onkels Ernst von Bayern folgte er diesem auf die Bischofsstühle von Köln, Lüttich, Münster und Hildesheim. Ferdinand unterstützte die Politik seines Bruders Maximilian und trat 1619 der katholischen Liga bei. Er erließ Reformen zur Stärkung der katholischen Kirche und förderte die Ordensgemeinschaften, insbesondere die Jesuiten. Während des Dreißigjährigen Krieges war er um eine Friedens- und Neutralitätspolitik bemüht, konnte allerdings kriegerische Übergriffe auf seine Territorien nicht verhindern. Auch Münster wurde, obgleich während der Friedensverhandlungen neutralisiert, von hessischen Truppen bedroht, die am 20. Juni 1643 das vor den Toren der Stadt gelegene Stift St. Mauritz ausplünderten. Im Gegensatz zu seinem Vetter Franz Wilhelm von Wartenberg gelang es Ferdinand von Bayern jedoch, seine Bistümer zu erhalten.

Lit.: ADB, Bd. 6, S. 691 f.; J. F. Foerster, Kurfürst Ferdinand von Köln. Die Politik seiner Stifter in den Jahren 1634 – 1650, Münster 1976; Kat. Münster 800 – 1800, Nr. 159; Kat. Westfälischer Frieden, Nr. 20; Kat. Wittelsbach und Bayern, Bd. II/1–1; M. Wolf, in: WG, Bd. 1, S. 539 – 567.

5)
Prinz Friedrich Heinrich von Oranien
(1584 – 1647)

Friedrich Heinrich war der jüngste Sohn Wilhelms von Oranien. Da die Ehe seines Halbbruders Moritz von Oranien kinderlos blieb, war seine Erbfolge im Hause Oranien eine beschlossene Sache. Nach dessen Tod am 24. April 1624 folgte er ihm nach und übernahm auch seine Ämter. Er war Statthalter von Gelderland, Holland, Seeland, Utrecht und Overijssel. Kurz vor Antritt seiner Regentschaft hatte er sich auf Wunsch seines Bruders mit Amalia von Solms – Braunfels verheiratet. Wie sein Bruder Moritz war auch er militärisch sehr erfolgreich. Er eroberte zahlreiche Städte gegen die spanische Besatzungsmacht, darunter Herzogenbusch, Wesel, Rheinberg und Orsoy, das sich von 1632 bis 1672 in den Händen der Holländer befand.

Lit.: ADB, Bd. 7, S. 576 – 579; Bücker, S. 9.

6)

Christoph Bernhard von Galen

(1606 – 1678), Fürstbischof von Münster (reg. seit 1650)

Christoph Bernhard von Galen wurde am 12. Oktober 1606 auf der Wasserburg Bisping bei Rinkerode als Sohn evangelischer Eltern geboren. Weil sein Vater durch ein tödlich verlaufendes Duell in langjährige Haft geraten war, wurde der junge Christoph Bernhard vor allem durch seine Mutter Katherina von Hörde und seinen katholischen Onkel, den münsterischen Domkapitular Heinrich von Galen, erzogen. Mit zehn Jahren besuchte er das von Jesuiten geleitete Gymnasium Paulinum in Münster, was seinen weiteren Lebensweg entscheidend prägte. 1624 begann er ein Studium der Rechtswissenschaft in Löwen, das er 1627 in Bourges beendete. Anschließend trat er eine Domherrenstelle in Münster an. 1634 wurde Galen als geistiger Rat in die bischöfliche Verwaltung berufen. Fürstbischof Ferdinand von Bayern (vgl. Anm. 4) beauftragte ihn 1643 als Geheimen Rat mit diplomatischen Missionen, die ihn auch zu den Friedensverhandlungen nach Münster führte, wo er das Fürstbistum Münster vertrat.
Das münsterische Domkapitel wählte Christoph Bernhard von Galen am 14. November 1650 zum neuen Bischof. Der Osnabrücker Fürstbischof Franz Wilhelm von Wartenberg (vgl. Anm. 15) nahm am 17. September 1651 die Bischofsweihe vor. Galen setzte das innerkirchliche Reformwerk seines Vorgängers fort und sorgte für eine Disziplinierung des Klerus. Er förderte den Kirchenbau und stiftete mehrere Altäre. Als Fürstbischof und Landesherr regierte er mit einem absolutistischen Herrschaftsanspruch. Erst nach mehreren Belagerungen unterwarf sich die Stadt Münster 1661 seiner Führung. Galen ließ auf der Westseite der Stadt eine große Zitadelle anlegen, von der aus er Münster beherrschte. Seine politische Haltung wurde durch die katholische Partei auf dem Friedenskongreß geprägt. Er war mit Franz Wilhelm von Wartenberg und Fabio Chigi befreundet. Als Galen dem päpstlichen Nuntius auf dessen Abreise nach Aachen am 19.12.1649 begegnete, lud er ihn auf die Burg Lüdinghausen ein.

Lit.: ADB, Bd. 2, S. 427 f.; Hans Galen, Durchsetzung des Absolutismus. Geschichte original – am Beispiel der Stadt Münster 1, Münster 1978; Kat. Fürsten- und Gelehrtenlob im westfälischen Barock, S. 22 – 23; Kat. Münster 800 – 1800, S. 300 – 328; Kat. Der Westfälische Frieden, Nr. 138; Wilhelm Kohl, Das Domstift St. Paulus zu Münster (= Germania Sacra NF. 17.2), Berlin/New York 1982, S. 238 – 240 mit Bibliographie.

7)
Johann Freiherr von Harff
(† 1672)

Hier ist Johann Freiherr von Harff zu Dreiborn, Heistert, Hüls, Vettelhoven und Laurenzberg gemeint. Er war Erbmarschall des Fürstentums Jülich, Kurpfälzischer Rat und Kämmerer, seit 1645 Amtmann zu Montjoie.

Lit.: Bücker, S. 8.

8)
Kardinal Jules Mazarin
(1602 – 1661)

Mazarin setzte nach dem Tod Richelieus 1642 und Ludwigs XIII. 1643 die erfolgreiche Bündnispolitik Frankreichs und die Idee eines europäischen Universalfriedens im Sinne Richelieus fort. Er widersetzte sich den Hegemoniebestrebungen seines schwedischen Bündnispartners und unterstützte die Forderung Brandenburgs nach der Freigabe Pommerns durch die Schweden. Durch erhöhte französische Forderungen waren die Friedensverhandlungen 1647 kurzfristig aufgehalten worden. Unruhen im eigenen Land (Fronde 1648) veranlaßten Mazarin jedoch zum Einlenken, so daß er dem Friedensvertrag im Oktober 1648 schließlich zustimmte.

Lit.: Dickmann, S. 177 – 119, 280 – 288, 478 – 482; P. Guth, Mazarin, Frankfurt 1974; Kat. Der Westfälische Frieden, Nr. 33.

9)
Johann Ludwig, Graf von Nassau – Hadamar
(1590 – 1653)

Johann Ludwig studierte in Heidelberg, Sedan und Genf. Er reiste an die Königshöfe von Frankreich, England und Holland, wo er als Hauptmann kurze Zeit im Kriegsdienst stand. 1617 heiratete er Ursula von Lippe-Detmold. Der Kaiser ernannte ihn 1638 zu seinem Generalbevollmächtigten für die Friedensverhandlungen, ab 1643 hielt sich Johann Ludwig zu diesem Zweck in Münster auf. Sein hoher Rang als kaiserlicher Gesandter verpflichtete ihn zu besonders kostspieliger Repräsentation auf dem westfälischen Friedenskongreß. Aufgrund seiner erfolgreichen diplomatischen Tätigkeit wurde ihm 1647 das goldene Vlies verliehen und 1650 die erbliche Fürstenwürde zuerkannt.

Lit.: ADB, Bd. 14, S. 258 f.; Duchhardt, S. 194 – 195; H. Lahrkamp, Stadtmünsterische Akten und Vermischtes (= APW, Serie III D, Bd. 1, Varia, Münster 1964), S. 394.

10)
Don Gaspar de Braccamonte y Guzmán, Conde de Peñaranda
(1596 – 1676)

Peñaranda war der Hauptbevollmächtigte der spanischen Gesandtschaft. Während seines Aufenthaltes in Münster von 1645 – 1648 machten ihm das rauhe Klima und die ungewohnte ländliche Umgebung schwer zu schaffen, wie aus seinen Briefen hervorgeht. In seinem münsterischen Wohnquartier versuchte er in Konkurrenz zur französischen Gesandtschaft einen fürstlichen Lebensstil zu repräsentieren, allerdings häufig auf eigene Kosten. Mit Anerkennung der Generalstaaten durch Philipp IV. gelang es Peñaranda, die spanisch – niederländischen Verhandlungen mit einem Seperatfrieden abzuschließen und die nördlichen Niederlande der französischen Bündnispolitik zu entziehen. Die Verhandlungen zwischen Spanien und Frankreich zogen sich dagegen außerhalb des Westfälischen Friedenskongresses fort und konnten erst 1659 durch den sog. „Pyrenäenfrieden“ zum Abschluß gebracht werden, der das Ende der spanischen Vormachtstellung bedeutete und Frankreich bedeutende territoriale Gewinne einbrachte.

Lit.: Dickmann, S. 198, 263 – 264, 271 – 281; Duchhardt, S. 202 – 203; Kat. Münster 800 – 1800, Nr. 193; Kat. Der Westfälische Frieden, Nr. 108.

11)
Stadtkommandant Johann von Reumont
(um 1600 – 1672)

Johann von Reumont wurde 1643 für die Dauer des Friedenskongresses zum Stadtkommandanten Münsters ernannt. Er befehligte neben einem Bürgeraufgebot (“Bürgerfahnen“) auch eine Garnison von 1200 Berufssoldaten, die einen Eid auf den Rat der Stadt Münster geleistet hatten. Aufgrund seiner erfolgreichen Tätigkeit beförderte ihn der Kaiser 1646 zum Generalmajor. Nach Abschluß der Friedensverhandlungen trat er 1651 in den Dienst des Fürstbischofs Christoph Bernhard von Galen und war von 1657 – 1660 erneut als Stadtkommandant tätig.

Lit.: Kat. Münster 800 – 1800, Nr. 183; Kat. Der Westfälische Frieden, Nr. 71; Lahrkamp, S. 396; E. Müller, Reichsritter Johann von Reumont, in: WZ 90, 1934, S. 171 – 192.

12)
Carlo Rossetti
(1615 – 1681)

Carlo Rossetti wurde 1615 in Ferrara geboren. Der mit Rechtsangelegenheiten betraute päpstliche Gesandte hielt sich 1639 in England auf. Dort machte er sich jedoch aufgrund seines energischen Eintretens für die katholische Kirche derart unbeliebt, daß sein Leben bedroht war und er nach Holland fliehen mußte. Ab 1641 war Rossetti an den Friedensverhandlungen in Köln beteiligt, wo sich Chigi bereits seit 1639 aufhielt. Rossetti sollte den Friedensprozeß in Deutschland fördern. Daher war er ursprünglich an Chigis Stelle als Nuntius für den Westfälischen Friedenskongreß in Münster vorgesehen. Die Franzosen lehnten den Legaten jedoch ab, da sie befürchteten, daß er die Spanier bevorzugen würde. Rossetti wurde später zum Bischof von Faenza ernannt und verstarb 1681 als Subdekan des Kardinalskollegium in seinem Bistum.

Lit.: Bücker, S. 5; Christian G. Jöcher, Allgemeines Gelehrten – Lexikon, Bd. 3, 1751, S. 156.

13)
Dr. Bernhard Rottendorff
(1594 – 1671)

Rottendorff besuchte als Schüler das von Jesuiten geleitete Gymnasium Paulinum in Münster. 1614 schrieb er sich zunächst an der Universität Rostock ein, wo schon sein Vater studiert hatte, und wechselte dann 1616 an die Hochschule in Helmstedt, die eine renommierte medizinische Fakultät aufwies. Nach seiner Doktorpromotion kehrte er nach Münster zurück, um als Arzt in der Praxis seines Vaters tätig zu werden. 1622 heiratete der junge Mediziner Clara Kock. Rottendorff war nicht nur ein hoch angesehender Arzt, zu seinen Patienten zählten Fabio Chigi, Christoph Bernhard von Galen und Franz Wilhelm von Wartenberg, sondern auch ein Humanist mit umfassender klassischer Bildung. Neben naturwissenschaftlichen Traktaten publizierte er zahlreiche lateinische Gedichte, die seine hervorragende Kenntnis der antiken Sprache belegen (vgl. Einführung). Mit einem 1647 veröffentlichten Friedensappell wandte sich Rottendorff an die Gesandten des Friedenskongresses in Münster, um sie zum baldigen Abschluß der Verhandlungen zu bewegen. Seine enge Freundschaft mit Fabio Chigi kommt im Gedicht über „Münsters Regen“ zum Ausdruck, das der päpstliche Nuntius ihm persönlich gewidmet hat.

Lit.: Hermann Hugenroth, Zum dichterischen Werk des münsterischen Arztes und Humanisten Bernhard Rottendorf (1594 – 1671), QuF NF 15, Münster 1991.

14)
Johannes von Sternenberg gen. Düsseldorf
(1589 – 1653)

Johannes von Sternenberg wurde als Sohn einer protestantischen Familie in Kalkar geboren, konvertierte jedoch vor 1613 zum katholischen Glauben und promovierte in Köln zum Doktor der Theologie. 1646 wurde er zum Titularbischof von Sebaste und Weihbischof von Münster ernannt. Er assistierte 1651 bei der Bischofsweihe Christoph Bernhards von Galen. Später geriet Weihbischof Sternenberg mit Christoph Bernhard und dem Domkapitel wegen seiner Bezüge in Streit, was am 21. März 1653 zu seiner Entlassung führte. In der Folgezeit verzichtete Galen auf einen Weihbischof.

Lit.: Werner Thissen (Hg.), Das Bistum Münster, Bd. I, Die Bischöfe von Münster, bearb. v. Alois Schroer, Münster 1993, S. 352.

15)
Franz Wilhelm, Graf von Wartenberg
(1593 – 1661), Fürstbischof von Osnabrück (reg. seit 1625)

Franz Wilhelm, der illegitime Sohn des Herzogs Ferdinand von Bayern, wurde 1625 Fürstbischof von Osnabrück, 1629/30 Bischof von Verden und Minden. Nachdem 1633 schwedische Truppen Osnabrück erobert hatten, versuchte er von seinem Bonner Exil aus weiterhin seinen Pflichten als Landesfürst und Bischof nachzukommen. Franz Wilhelm war als leitender Minister für seinen Vetter, den Kölner Kurfürsten und Fürstbischof von Münster, Ferdinand von Bayern, tätig, der ihn als Gesandten zu den Westfälischen Friedensverhandlungen nach Münster schickte. Der einflußreiche Diplomat aus dem Wittelsbacher Haus galt als einer der unnachgiebigsten Vertreter der katholischen Liga gegenüber den Protestanten. Wartenberg verlor seine Bistümer Minden und Verden und mußte für Osnabrück die *Capitulatio perpetua* hinnehmen, nach der das Fürstbistum künftig abwechselnd von katholischen und protestantischen Fürstbischöfen geleitet werden sollte. 1649 wurde Wartenberg zum Fürstbischof von Regensburg ernannt. Als Freund

Fabio Chigis übte die katholische Partei über ihn erheblichen Einfluß auf den päpstlichen Nuntius aus. Als Chigi später zum Papst Alexander VII. gewählt wurde, erhob er Wartenberg 1660 kurz vor dessen Tod noch zum Kardinal.

Lit.: ADB, Bd. 41, S. 185; Dickmann, S. 199, 430 und 614 (Register); Duchhardt, S. 242 – 243; Kat. Fürsten- und Gelehrtenlob im westfälischen Barock, S. 16 – 18; Kat. Der Westfälische Frieden, Nr. 133; Kat. 1200 Jahre Osnabrück, S. 195 – 198, 207 – 208.

16)
Pfalzgraf Wolfgang Wilhelm, Herzog von Neuburg und Jülich – Berg
(1578 – 1653)

Wolfgang Wilhelm war der älteste Sohn des Pfalzgrafen Philipp Ludwig und seiner Gemahlin Anna. Nachdem Herzog Johann Wilhelm von Kleve 1609 kinderlos starb, meldeten der Kurfürst Johann Sigismund von Brandenburg und Pfalzgraf Wolfgang Wilhelm gleichzeitig ihren Anspruch auf eine Nachfolge an. Da keiner der beiden Kontrahenten nachgab und sich mit potentiellen Bündnispartnern verstärkte, drohte der Jülich – Klevische Erbfolgestreit zu einem europäischen Konflikt zu eskalieren. Pfalzgraf Wolfgang Wilhelm konvertierte aus politischen Gründen zum Katholizismus und heiratete 1614 Magdalena, die Schwester des Herzogs Maximilian I. von Bayern. Durch seinen Wechsel zum katholischen Glauben brachte Wolfgang Wilhelm Spanien, Bayern, Österreich und den Kölner Kurfürsten Ferdinand von Bayern (siehe Anm. 4), den Bruder des Bayernherzogs Maximilian, auf seine Seite. Der Xantener Vertrag vom 12. November 1614 verhinderte im letzten Moment einen Kriegsausbruch und sah folgende territoriale Aufteilung vor: Der Pfalzgraf erhielt Jülich und Berg, während Kleve, Mark und Ravensberg an Brandenburg fielen.
Pfalzgraf Wolfgang Wilhelm war ein großer Förderer von Kunst und Wissenschaft. Auf seine Pläne geht die Errichtung der Jesuitenkirchen in Neuburg und Düsseldorf zurück. Er war ein besonderer Liebhaber und Sammler der niederländischen Malerei, deren prominente Vetreter wie Rubens, Van Dyck, Francken, Gerard Segers, Deodat del Monte u.a. er auf seinen Reisen

in die Niederlande teilweise persönlich kennengelernt hatte. Seine umfangreiche Gemäldesammlung ist heute wesentlicher Bestandteil der Alten Pinakothek München.

Lit.: ADB, Bd. 44, S. 87 f.; Dagmar Preising, Anthonis van Dyck. Porträts in Radierung und Kupferstich. Suermondt – Ludwig – Museum Aachen, Aachen 1988, S. 60, Nr. 8; E. W. Zeeden, Hegemonialkriege und Glaubenskämpfe 1556 – 1648 (= Propyläen Geschichte Europas, Bd. 2, Frankfurt 1977), S. 231 – 234.

Register der von Chigi genannten Orte
(in alphabetischer Reihenfolge)

17)
Aachen, hervorgegangen aus einer römischen Siedlung, wurde unter Karl dem Großen von 786 – 810 zur Kaiserpfalz ausgebaut. Die Aachener Pfalzkapelle war Krönungsstätte zahlreicher deutscher Kaiser. Ein bedeutender Aufschwung setzte 1165 mit der Heiligsprechung Karls des Großen und der damit verbundenen Verleihung der Stadtrechte ein. In der Folgezeit wurde die Stadt mit zwei Ringmauern befestigt. 1336 wurde Aachen zur Freien Reichsstadt erhoben. Zur wirtschaftlichen Blüte Aachens trug vor allem das Tuchmachergewerbe bei. Während der Reformationszeit befand sich die Stadt nur kurze Zeit in der Hand der Protestanten. Ein großer Stadtbrand vernichtete 1656 beinahe die gesamte mittelalterliche Stadtbebauung. Fast sämtliche Profanbauten aus dieser Zeit wurden im Zweiten Weltkrieg vernichtet, als zwei Drittel der Stadt in Schutt und Asche fielen. Lediglich das Münster mit der Pfalzkapelle blieb weitgehend verschont.

18)
Aldenhoven, ein kleiner Ort in der Nähe von Jülich, wurde 1469 von Herzog Gerhard II. zur Freiheit mit eigener Steuerhoheit erhoben. Während der Belagerungen im 17. Jahrhundert durch kaiserliche, französische, hessische und schwedische Söldner hat der Ort schwer gelitten. Durch Auffindung eines Marienbildes im Jahr 1654 wurde Aldenhoven zum Wallfahrtsort. Von der ehemaligen Stadtbefestigung des 15. Jahrhunderts ist nur der sog. Hexenturm, der Unterbau des Nordwesttors, erhalten geblieben.

19)
Dorsten, an der alten Lippestraße gelegen, erhielt 1251 das Stadtrecht durch den Kölner Erzbischof Konrad von Hochstaden. Von der Reformation fast unberührt war Dorsten der stärkste Pfeiler der katholischen Partei im kölnischen Vest Recklinghausen. Der Landgraf von Hessen besetzte 1633 die Stadt und baute die mittelalterliche Wallanlage zu einer bastionsartigen Festung aus, die aber 1641 von dem kaiserlichen Feldmarschall von Hatzfeld nach zweimonatiger Belagerung bezwungen wurde. 1674 hat man das massive Bollwerk teilweise geschleift. Die alte Bebauung wurde im letzten Weltkrieg fast völlig zerstört.

20)
Düsseldorf, erstmals zwischen 1135 und 1159 urkundlich genannt, ist aus einer fränkischen Siedlung hervorgegangen, die im Mündungsgebiet der Düssel in den Rhein entstanden war. Die Grafen von Berg erhoben Düsseldorf nach der siegreichen Schlacht bei Worringen 1288 zur Hauptstadt. 1373 wurde Düsseldorf zur Zollstätte am Rhein ernannt. Nach dem Jülich – Klevischen Erbfolgekrieg gelangten Jülich und Berg mit der Hauptstadt Düsseldorf durch den Vertrag von Xanten 1614 an Pfalz – Neuburg (siehe Anm. 16). Herzog Wolfgang Wilhelm (1614 – 1653) ließ die Jesuitenkirche St. Andreas als Hof- und Grabkirche für die Neuburger errichten.

21)
Elsen bei Grevenbroich war Sitz einer mittelalterlichen Burg der Deutschordensritter, von der heute lediglich die Umfassungsmauer und das frühere Zehnthaus erhalten sind.

22)
Haltern, gelegen an an einem wichtigen Lippeübergang, ist heute vor allem durch die Ausgrabungen von römischen Militärlagern zwischen dem St. Annaberg und der Stadt Haltern aus der Zeit um Christi Geburt bekannt. Bischof Everhard von Münster verlieh dem Dorf Haltern 1289 das Stadtrecht. Einer der ältesten bischöflichen münsterischen Amtshöfe war hier angesiedelt. Während des 30jährigen Krieges wechselten sich hessische und kaiserliche Besatzungen ab. Im Zweiten Weltkrieg erhielt die Stadt durch Bombenangriffe schwere Schäden.

23)
Horn wurde 1248 erstmals als Stadt bezeugt. Die von Ackerbürgern- und Handwerkern geprägte Stadt war Sitz eines Gaugerichtes, auf ihrer Burg, die zu den ältesten landesherrlichen Stadtburgen gehört, residierten lippische Grafen. Ein Stadtbrand zerstörte 1864 einen Großteil der Häuser, darunter auch das Rathaus.

24)
Jülich, hervorgegangen aus dem römischen Kastell Juliacum, liegt an einer wichtigen Verkehrsverbindung zwischen Köln und Maastricht. Nachdem die Jülicher Grafen in der Schlacht bei Worringen 1288 die kölnischen Lehnsherren besiegt hatten, wurde die Stadt mit einem Festungsring umgeben. 1511 ging Jülich an den Herzog von Kleve über und wurde unter Wilhelm dem Reichen von Kleve – Jülich – Berg ab 1538 weiter stark befestigt. Nach dem Stadtbrand von 1547 entwarfen der italienische Baumeister Alessandro Pasqualini und sein Sohn Maximilian Pläne für den Neubau von Zitadelle und Schloß. Nach dem Jülich -

Klevischen Erbfolgestreit gelangte Jülich an den Pfalzgrafen Wolfgang Wilhelm (vgl. Anm. 16). Während des 30jährigen Krieges wurde die Stadt 1622 von spanischen Truppen eingenommen und bis 1660 belagert. Nach der Eroberung durch die Spanier holte Pfalzgraf Wolfgang Wilhelm Kapuziner nach Jülich, die dort ein neues Kloster errichteten. Der letzte Weltkrieg hat die historische Bebauung Jülichs weitgehend zerstört.

25)
Kaiserswerth liegt im Norden Düssseldorfs in einer offenen Rheinauenlandschaft, die früher Inseln besaß, auf die die Bezeichnung Werther (= Insel) heute noch hinweist. Hier gründete Suitbert, einer der Weggefährten des Friesenmissionars Willibrords, zwischen 695 und 700 ein Benediktinerkloster, das später in ein Chorherrenstift umgewandelt wurde. Zum Schutz des Stiftes entstand südlich am Rheinufer eine Burg, die unter Kaiser Heinrich II. zur Kaiserpfalz ausgebaut wurde. Kaiser Friedrich I. Barbarossa erhob Kaiserswerth 1174 zur Reichszollstätte. Die Marktsiedlung auf der Burgfreiheit wurde wahrscheinlich 1181 zur freien Reichsstadt erklärt. Mit den späteren Verpfändungen an Kurköln und Jülich verlor Kaiserswerth seine Reichsunmittelbarkeit.
Als Sohn des Burgkommandanten von Kaiserswerth wurde dort Friedrich Spee (1591 – 1635) geboren. Er wurde Jesuit und ist bis heute bekannt als erfolgreicher Kämpfer gegen den Hexenwahn. Seine zahlreichen religiösen Lieder werden noch heute bei Gottesdiensten gesungen. Stadt und Burg wurden 1702 im spanischen Erbfolgekrieg fast völlig zerstört, die ehemalige Kaiserpfalz gesprengt.

26)
Köln entstand aus der römischen Stadtgründung Colonia Claudia Ara Agrippinensis (CCAA), der früheren Hauptstadt der römischen Provinz Niedergermanien (vgl. Anm. 39). Seit der zweiten Hälfte des 5. Jahrhunderts nur noch kurz Colonia genannt, leitete sich daraus der seit dem Mittelalter gebräuchliche Name Köln ab. Ab 313 n. Chr. als bischöfliche Metropole anerkannt, ernannte Karl der Große Köln um 800 zum Erzbistum. Im Laufe des 12. Jahrhunderts enwickelte sie sich zur größten damaligen Stadt in Deutschland. Die zahlreichen Kirchenneubauten des 12. Jahrhunderts prägen bis heute das Stadtbild. 1248 ließ Erzbischof Konrad von Hochstaden den Grundstein zum Neubau des gotischen Domes legen, jedoch wurde 1322 lediglich der Chor vollendet und die Bauarbeiten seit der Reformationszeit völlig eingestellt. 1388 erhielt Köln die erste städtische Universität. 1475 erfolgte die Erhebung zur freien Reichsstadt durch Kaiser Friedrich III. Köln war im Mittelalter ein bedeutendes künstlerisches Zentrum, insbesondere durch die sog. „Kölner Malerschule“, zu dessen bekanntesten Vertretern Stephan Lochner († 1451) gehört. 1544 gründeten Jesuiten ihre erste deutsche Niederlassung in Köln, seit 1584 hatten die päpstlichen Nuntien

hier ihren Sitz. Nachdem mehrere Reformationsversuche seitens der Kölner Erzbischöfe gescheitert waren, gelangte das Erzstift Köln 1586 mit der Wahl von Ernst von Bayern zum Erzbischof an das katholische Haus Wittelsbach. Kurfürst Ferdinand von Bayern, seit 1612 Fürstbischof von Köln, wollte die Wittelsbacher Machtstellung in Norddeutschland stärken (vgl. Anm. 4).
Unter der Schirmherrschaft von König Friedrich Wilhelm IV. begann ab 1842 die Fertigstellung des Kölner Doms, 600 Jahre nach der Grundsteinlegung. Gegen Ende des 19. Jahrhunderts führte ein starkes Bevölkerungswachstum zur Expansion des Stadtgebietes und Niederlegung des mittelalterlichen Festungswalles. Der Zweite Weltkrieg fügte Köln schwere Zerstörungen zu, die Innenstadt wurde zu 90 % vernichtet.

27)

Lüdinghausen, im Fürstbistum Münster gelegen, läßt sich in seiner Ortsgeschichte bis zur Zeit des Bischofs Liudger († 809) zurückverfolgen. 1271 erstmals als befestigter Ort genannt, erhielt Lüdinghausen 1308 das Stadtrecht verliehen. Nördlich der Stadt liegt die Wasserburg Vischering, die im 13. Jahrhundert von münsterischen Bischöfen gegen die Fehden der Lüdinghausener Herren angelegt wurde. Die von Chigi erwähnte kleine Burg bezieht sich aber nicht auf die bekannte Wasserburg Vischering an der Stever, sondern meint das heutige Amtshaus, das früher als Burg der Herren von Lüdinghausen diente. Ein 1594 vermutlich durch die spanisch – niederländischen Kämpfe entfachter Stadtbrand zerstörte außer den Wohnhäusern auch das Stadtarchiv. Hessische Truppen besetzten den Ort 1633, drei Jahre später verloren sie ihn jedoch endgültig an die von Chigi als eigene Truppen bezeichneten kaiserlichen Verbände.

28)

Mühlheim an der Ruhr entstand aus einer Siedlung, die sich um die ehemalige Hofstelle der Herren von Molenheim und das stark befestigte Schloß Broich gebildet hat. Das Kirchspiel Mühlheim und die Herrschaft Broich wurden nach 1446 als bergische Unterherrschaft betitelt. Kurzzeitig unter hessischer Verwaltung, erhob erst Napoleon 1808 Mühlheim zur Stadt. Besondere Bedeutung bekam der Ort als Umschlagplatz für Steinkohle, die auf der Ruhr verschifft wurde. Im Mittelalter war die Ruhr nur bis Mühlheim schiffbar, erst seit dem Schleusenbau von 1780 ist sie durchgängig zu befahren.

29)

Münster geht aus einer sächsischen Siedlungsgründung hervor, die verkehrstechnisch günstig an einer Furt der Aa entstanden war, wie die alte Ortsbezeichnung Mimigernaford noch belegt. Im Zuge der Sachsen-

kriege zerstört, bauten die Franken den Ort neu auf. Karl der Große beauftragte 792/793 den Friesenmissionar Liudger († 809) mit der Gründung eines Klosters *(monasterium)* an dieser Stelle, das die Grundlage für das 804/805 gegründete Bistum Münster darstellt. Liudger ließ unmittelbar vor dem Horsteberg einen Dombau errichten. Bischof Burchard (1098 – 1118) umgab den Dombezirk mit einer steinernen Mauer. Am Nordostrand der Domburg, dem Kreuzungspunkt wichtiger Fernhandelsstraßen, siedelten sich Kaufleute an. Bischof Hermann II. (1174 – 1203) unterteilte die stark anwachsende Stadt bereits in mehrere Pfarrbezirke. Zwischen 1225 – 1264 entstand der heutige dritte Dombau. Ab Mitte des 12. Jahrhunderts orientierte sich die Kaufmannssiedlung neu in nordsüdlicher Richtung mit der Anlage von Bogenhäusern; seit dem 16. Jahrhundert wird dieser Bereich als Prinzipalmarkt bezeichnet. Nachdem der einheimische Kaplan Bernhard Rothmann 1531 reformatorisches Gedankengut von seiner Reise nach Straßburg mitbrachte, befanden sich ab 1533 alle Pfarrkirchen der Stadt in der Hand der Protestanten. Unter der Führung ihres Propheten Jan Matthys entfachten die Wiedertäufer 1534 einen Bildersturm in Münster, bei dem viele sakrale Bildwerke zerstört und Bücher verbrannt wurden. 1535 eroberten bischöfliche Truppen die Stadt zurück; das Wiedertäuferregime fand 1536 mit der Hinrichtung von Jan van Leiden, Bernd Krechting und Bernd Knipperdollinck auf dem Prinzipalmarkt sein Ende. Im Zuge der Gegenreformation kamen 1588 die Jesuiten nach Münster, um die Bürger zum alten Glauben zurückzuführen.
Den Dreißigjährigen Krieg überstand Münster unversehrt. Dies und ihre günstige Lage prädestinierten die Stadt als Ort für die Verhandlungen zum Westfälischen Frieden, der 1648 hier unterzeichnet wurde. Als Kongressstadt beherbergte Münster mehrere Jahre lang fast ebenso viele Besucher, wie sie Einwohner zählte. Als die Stadt nach dem Friedensschluß bemüht war einen souveränen Status zu erhalten, wurde sie durch Fürstbischof Christoph Bernhard von Galen (1650 – 1678) nach zwei Belagerungen zur Aufgabe gezwungen. Zur Kontrolle der Stadt ließ er im Westen eine große Zitadelle anlegen. Ab 1764 begann die Schleifung der Festungswälle und Umwandlung in einen Promenadenring durch Johann Conrad Schlaun und Wilhelm Ferdinand Lipper. Im Bombenhagel des Zweiten Weltkrieges wurde die Altstadt zu 90 % zerstört, unmittelbar nach dem Krieg begann ihr Wiederaufbau auf altem Grundriß.

30)

Neuss, hervorgegangen aus der vorrömischen Siedlung Novaesium, war Sitz mehrerer römischer Legionslager zur Offensive gegen das rechtsrheinische Germanien. Seit dem 12. Jahrhundert war der Ort befestigt und mit Kölner Recht ausgestattet. Aufgrund seiner früheren Lage unmittelbar am Rhein war Neuss ein bedeutender Fernhandelsplatz und seit 1255 Mitglied des rheinischen Städtebundes. Nach der vergeblichen Belagerung 1474/75 durch Karl den Kühnen, Herzog von Burgund, verlieh ihr Kaiser Friedrich III. alle Rechte einer Hansestadt. Mit der Zerstörung im Truchsessischen Krieg 1586 durch den Herzog von

Parma (vgl. Anm. 40), gefolgt von wechselnden Besatzungen im 17. und 18. Jahrhundert, begann der Niedergang von Neuss. Ein französisch – hessisch – weimarisches Heer nahm 1642 Neuss ein, das bis 1651 von den Hessen besetzt blieb. Im Zweiten Weltkrieg wurde die Stadt zu einem Drittel zerstört.

31)
Orsoy wurde erstmals 1285 als Stadt erwähnt. Die südlichste der Rheinfestungen besaß eine Zollstätte, die in den Händen der Grafen von Kleve lag. Von der im 14. Jahrhundert angelegten Befestigung sind nur Reste der Ringmauer und der Pulverturm erhalten. Die im 16. Jahrhundert angelegte Bastion wurde von den Spaniern 1586 während des Spanisch-Niederländischen Krieges völlig zerstört. Von 1632 – 1672 befand sich Orsoy in den Händen der Holländer. Friedrich Heinrich, Prinz von Oranien (vgl. Anm. 5), hatte die Stadt durch Graf Wilhelm von Nassau erobert. Die Festungsanlagen und das Schloß wurden 1672 mit der Besetzung durch das Heer Ludwigs XIV. bis auf einige Reste geschleift.

32)
Rheinberg war ursprünglich eine direkt am Rhein gelegene kurkölnische Festung mit eigener Zollstation. Mit der Verleihung des Stadtrechtes 1232 wurde der Ort gegen Ende des 13. Jahrhunderts stark befestigt. Seit der Mitte des 16. Jahrhunderts von den Holländern zu einer Bastionsfestung ausgebaut, wurde Rheinberg während der kriegerischen Auseinandersetzungen im 16. und 17. Jahrhundert abwechselnd durch niederländische, französische, spanische, englische und preußische Truppen belagert. Seit der Verlegung des Rheins und Schleifung der Festungsanlagen durch die Preußen 1715 verlor Rheinberg jedoch seine Bedeutung als Garnisonsstadt.

33)
Ruhrort, heute ein Stadtteil von Duisburg, lag ursprünglich im Mündungsdelta der Ruhr in den Rhein. Später, nach der Verlagerung von Rhein und Ruhr, lag der Ort auf der rechten Seite der Ruhrmündung. 1371 erteilte Kaiser Karl IV. dem Grafen von Moers die Erlaubnis, einen Freistuhl und eine Zollstätte einzurichten. Die wachsende Fischer- und Schiffersiedlung umgab ab 1437 eine Stadtmauer. Aus den ersten Werften des frühen 18. Jahrhunderts entwickelte sich bis heute einer der größten Binnenhäfen Europas.

34)
Sterkrade ist heute ein Stadtteil von Oberhausen. Das um 1240 in Defte bei Kirchhellen gegründete Kloster (Rivulus St. Mariae) wurde 1254 nach Sterkrade verlegt und als freiadliges Damenstift geführt. Es handelt sich um das Zisterzienserinnenkloster am Elfenbach, das während des Dreißigjährigen Krieges viel Gewalt, Raub und Zerstörung über sich ergehen lassen mußte. Vielleicht war die Äbtissin, Anna Maria von Capellen (1627 – 1664), deshalb so „vorsichtig" (vgl. Anm. 59).

35)
Wesel, seit der ersten Hälfte des 12. Jahrhunderts im Besitz der Grafen von Kleve, wurde 1241 zur Stadt erhoben und 1350 Mitglied im Rheinischen Städtebund. Durch die günstige Lage am Rhein, seit dem 16. Jahrhundert auch an der Lippe, erwuchs der Ort zu einem Hauptumschlagplatz für den Handel mit dem Münsterland und war von 1407 – 1669 Mitglied der Hanse. Seine Blütezeit hatte Wesel im späten Mittelalter, als sich die Stadt zu einem künstlerischen Zentrum am Niederrhein entwickelte. In Wesel selbst ist davon nichts mehr zu spüren, da 1540 durch die Einführung der Reformation, später des Calvinismus, das künstlerische Erbe fast vollständig zerstört wurde. Die bereits während des Spanisch Niederländischen Krieges durch Belagerung und Besetzungen stark beeinträchtigten Handelsbeziehungen brachen durch den Holländisch - Französischen Krieg (1672 – 1678) endgültig zusammen. Im Bombenkrieg des Zweiten Weltkrieges ist das alte Stadtbild fast völlig zerstört worden.

36)
Zons, ursprünglich eine direkt am Rhein gelegene kurkölnische Zollstadt, zeichnet sich durch eine planmäßige Anlage der Stadt aus, die durch die ehemalige Zollstation Friedestrom, heute eine Burgruine, bestimmt wurde. Nach der 1373 erfolgten Erhebung zur Stadt erhielt Zons einen Festungsring, der zu den besterhaltenen mittelalterlichen Stadtbefestigungen am Niederrhein gehört. Der alte Ortskern wurde durch den Stadtbrand von 1620 weitgehend zerstört. Heute sind nur noch wenige Häuser des 17. und 18. Jahrhunderts erhalten geblieben.

Sprachliche und historische Erläuterungen

37)
Päpstliche Rentkammer, zuständig für die Finanzverwaltung der Kurie.

38)
Feldherr Marcus Vipsanius Agrippa (63 – 12 v. Chr.) war der Schwiegersohn des römischen Kaisers Augustus.

39)
Die Ubier, eine germanische Völkerschaft am rechten Rheinufer, wurden unter Augustus durch Agrippa an das linke Rheinufer versetzt und ihre Hauptstadt im Jahr 50 n. Chr. zur *Colonia Agrippina* (= das heutige Köln), benannt nach der römischen Kaiserin Agrippina d. J., erhoben.

40)
Im Truchsessischen Krieg wurde Neuss 1586 durch den Herzog von Parma, Alexander Farnese (1545 – 1592), erobert und weitgehend zerstört.

41)
Auf der *Caesaris insula* hatten die salischen und staufischen Kaiser einst ihren Sitz. Zum Namen des Ortes vgl. Chigis Anmerkungen im letzten Münster Gedicht (Vers 137 f.).

42)
Der Abgeordnete des französischen Königs war Claude des Mesmes, Comte d'Avaux (vgl. Anm. 1). Wenn Chigi ihn hier Memmius nennt, denkt er bei diesem Wortspiel wohl an Q. Memmius, der 163 v. Chr. als Gesandter von den Römern zu den Juden geschickt wurde (vgl. 2. Mach. 11, 34).

43)
'Mimigarda' ist der ursprüngliche Name für Münster, das später lat. *Monasterium* genannt wurde (vgl. Anm. 29); siehe Chigis Erläuterungen im zweiten Münstergedicht ('Die Stadt Münster, ihre Gebäude, Einwohner und Sitten'), Vers 28ff.

44)
Das frühere Minoritenkloster an der Neubrückenstraße diente Chigi und seinem Gefolge während des Friedenskongresses als Wohnsitz. Nach der Aufhebung 1804 wurden die Gebäude bis auf die ehemalige Klosterkirche St. Katharina, jetzt ev. Apostelkirche, abgerissen.

45)
Im Lateinischen handelt es sich natürlich um Gedichte; für die Übertragung ins Deutsche wurde bewußt die Prosaform gewählt (vgl. auch das Vorwort).

46)
Chigi schreibt an seinen Freund Francesco Albizzi (1593 – 1684), der aus einer alten Florentiner Familie stammt. Für den Begriff 'Toskana' setzt der Dichter hier die antike Bezeichnung 'Etrurien'.

47)
Ianus, dem römischen Gott der Tordurchgänge, war ein Tor am *Forum Romanum* geweiht, das in Kriegszeiten geöffnet war. Die Bemerkung bringt also zum Ausdruck, daß Chigi im Auftrag des Papstes den Frieden herbeiführen soll.

48)
Die drei Käfige befinden sich auch heute noch am Turm der Lambertikirche. Nach ihrer Hinrichtung 1536 wurden die Leichen der führenden Wiedertäufer Jan van Leiden, Bernd Krechting und Bernd Knipperdollinck in den Käfigen ausgehängt (vgl. Anm. 29).

49)
Das Ackerbürgerhaus, in dem Menschen und Tiere unter einem Dach lebten, war weit verbreitet in Münster und Westfalen. Man betrat das Haus über die Tenne, an dessen Seiten die Ställe für das Vieh lagen; der hintere Teil wurde von der Wohnküche und den Schlafräumen eingenommen.

50)
In dem Festsaal tagte zu Chigis Zeiten der münsterische Rat. Erst seit dem 18. Jahrhundert erhielt er die Bezeichnung Friedenssaal, weil hier der spanisch-niederländische Frieden geschlossen wurde.

51)
Der im originalen Text benutzte Begriff 'Felken' wurde hier durch 'Fellken' ersetzt, da er sich vom ursprünglich niederdeutschen Begriff für Fell oder Pelz ableitet und das kleine Fell bedeutet.

52)
Vom Medardustag (8. Juni) heißt es in einer alten Bauernregel: „Regnet's am Medardustag, regnet's 40 Tag' danach!". Der hl. Medardus war Bischof von Noyon und Tournai und galt als Schutzpatron des Wetters und der Fruchtbarkeit der Äcker.

53)
Diese 'Vorrichtung', die Chigi mit lat. *machina* bezeichnet und die umgangssprachlich 'Wippe' genannt wurde, gab es an angegebener Stelle tatsächlich. Nach damaliger Rechtsprechung war das hier beschriebene Verfahren die übliche Strafe für ertappte Gartendiebe.

54)
Das Verbot, Wasser zu trinken, hat einen ernsten Hintergrund: wie überall wurde die Trinkwasserversorgung auch in Münster damals hauptsächlich durch zahlreiche Brunnen sichergestellt. Die Gefahr, daß das Brunnenwasser mit Keimen infiziert und so zum Überträger für Krankheiten werden könnte, war groß und jedermann bewußt.

55)
In einer für damalige Verhältnisse recht schwierigen Operation war Chigi 1642 ein Nierenstein entfernt worden; die Wunde blieb septisch und bereitete ihm später immer wieder Schmerzen.

56)
Der lateinische Text ist hier verdorben: statt *delestata* muß es *detestata* heißen. Diese Bemerkung bezieht sich auf die Ablehnung des Friedensvertrages.

57)
Für Osnabrück galt die *Capitulatio perpetua*, die eine abwechselnde Leitung des Fürstbistums durch katholische und protestantische Bischöfe vorsah (vgl. Anm. 15).

58)
Chigi verwendet hier ein besonders feinsinniges Wortspiel: Im Lateinischen existieren zwei gleichlautende Wörter *ius, iuris* (Plural: *iura*); das eine bedeutet 'Recht, Gesetz', das andere – hier verwendete – 'Brühe, Sud'. Durch die direkte Nachbarschaft zum lateinischen Substantiv *lex, legis* = 'Gesetz' wirkt es besonders witzig, daß Chigi *iura* hier nicht wie erwartet als juristischen Terminus benutzt, sondern im Sinne von 'Suppe' versteht. Denn der Bürgermeister von Haltern war natürlich auch für das Recht in der Stadt verantwortlich.

59)
Der Name 'Sterkrade' erinnert den Dichter sicherlich an das lateinische Substantiv *stercus, -oris* (Plural: *stercora*), das 'Dreck, Mist, Kot' bedeutet.

Verzeichnis der abgekürzt zitierten Literatur

Abkürzungen

ADB	Allgemeine Deutsche Biographie, 56 Bde, Leipzig 1875 – 1912.
APW	Acta Pacis Westphalicae, hrsg. v. M. Braubach und K. Repgen, 15 Bde, Münster 1962 – 1986
WG	Westfälische Geschichte, hrsg. v. W. Kohl, 3 Bde, Düsseldorf 1983/84
WZ	Westfälische Zeitschrift, Bd. 88 – 136, Münster 1931 – 1986, Bd.1 – 87 (1838 – 1930) unter dem Titel „Zeitschrift für Vaterländische Geschichte und Alterthumskunde“

Abgekürzt zitierte Literatur

Bücker	H. Bücker, Der Nuntius Fabio Chigi (Papst Alexander VII.) in Münster 1644 – 1649, in: Westfälische Zeitschrift, Bd. 108, 1958, S. 1 – 90.
Dehio	Rheinland, G. Dehio, Handbuch der Deutschen Kunstdenkmäler, Nordrhein-Westfalen, Bd. 1, Rheinland, Darmstadt 1967.
Dehio	Westfalen, G. Dehio, Handbuch der Deutschen Kunstdenkmäler, Nordrhein-Westfalen, Bd. 2, Westfalen, Darmstadt 1969.
Dickmann	F. Dickmann, Der Westfälische Frieden, Münster 1959, ^{4}1977.
Duchhardt	H. Duchhardt, G. Dethlefs, H. Queckenstedt, „… zu einem stets währenden Gedächtnis“. Die Friedenssäle in Münster und Osnabrück und ihre Gesandtenporträts, hrsg. v. Karl Georg Kaster und Gerd Steinwascher, Bramsche 1996 (= Osnabrücker Kulturdenkmäler, Bd. 8).
Galen	H. Galen, Durchsetzung des Absolutismus, Münster 1978 (= Geschichte original – am Beispiel der Stadt Münster 1).
Histor. Stätt.	Handbuch der Historischen Stätten Deutschlands, Bd. 3, Nordrhein-Westfalen, Stuttgart 1970.

Kat. Münster 800 – 1800 — 1000 Jahre Geschichte der Stadt, Ausstellungskatalog Stadtmuseum Münster 1984/85, Greven 1984.

Kat. Der Westfälische Frieden. — Krieg und Frieden, Ausstellungskatalog Stadtmuseum Münster 1988, Greven 1987.

Kat. Fürsten- und Gelehrtenlob im westfälischen Barock, Ausstellungskatalog der Universitäts- und Landesbibliothek Münster 1996, hrsg. v. Bertram Haller, Münster 1996.

Kat. 1200 Jahre Osnabrück. Osnabrück. 1200 Jahre Fortschritt und Bewahrung. Profile bürgerlicher Identität, Ausstellungskatalog Dominikanerkirche Osnabrück 1980, Nürnberg 1980.

Krautheimer — R. Krautheimer, The Rome of Alexander VII. 1655 – 1667, Princeton 1985.

Lahrkamp — H. Lahrkamp (Hg.), Stadtmünsterische Akten und Vermischtes (= APW, Serie III D, Bd. 1, Varia, Münster 1964).

Lahrkamp — H. Lahrkamp, Der Westfälische Friede. Zur Kulturgeschichte des Friedenskongresses, Münster 1983 (= Geschichte original – am Beispiel der Stadt Münster 12).

Zeeden — E. W. Zeeden, Hegemonialkriege und Glaubenskämpfe 1556 – 1648 (= Propyläen Geschichte Europas, Bd. 2, Frankfurt 1977)

Zeeden — E. W. Zeeden, Deutschland von der Mitte des 15. Jahrhunderts bis zum Westfälischen Frieden (1648), in: Handbuch der Europäischen Geschichte, hrsg. v. Th. Schieder, Bd. 3, Stuttgart 1979, S. 449 – 585.

Bildnachweis

1. Fabio Chigi, (1599 – 1667, seit 1655 Papst Alexander VII.), Brustbildnis halblinks, Kupferstich von Paulus Pontius nach Anselm van Hulle, signiert und 1648 datiert, aus: Pacificatores orbis christiani sive icones principum ducum et legatorum, qui Monasterii atque Osnabrugae pacem Europae reconciliarunt …, Rotterdam, Pieter van der Slaart, 1697, Bl. 38
Pl.: 31,0 x 20,0 cm; Bl.: 44,0 x 28,5 cm
Stadtmuseum Münster
2. Circuli Westphaliae (Ausschnitt), Kolorierter Kupferstich von Johann Bapist Homann, Nürnberg um 1720, signiert und datiert
Pl.: 58,6 x 50 cm; Bl.: 61,5 x 53 cm
Stadtmuseum Münster
3. Fabio Chigi, (1599 – 1667, seit 1655 Papst Alexander VII.), Brustbildnis halblinks, Kupferstich von Pieter Holsteyn, signiert und undatiert
Pl.: 21,6 x 13,6 cm; Bl.: 29,5 x 19,3 cm
Privatbesitz
4. Carlo Rossetti, (1615 – 1681), Brustbildnis halblinks, Kupferstich von Albert Clouet, signiert und datiert, 1643
Pl.: 19,5 x 14,8 cm; Bl.: 25,4 x 18,1 cm
Stadtmuseum Münster
5. Köln und Deutz, Radierung von Wenzel Hollar, unsigniert und undatiert, 1648/49
Pl.: 31,0 x 20,0 cm; Bl.: 44,0 x 28,5 cm
Kölnisches Stadtmuseum, Bildquelle: Rheinisches Bildarchiv
6. Zons, Kupferstich von Matthäus Merian, unsigniert und undatiert, aus: Topographia Germaniae, Bd. Mainz/Trier/Köln, 1675, S. 90
Pl.: 7,8 x 17 cm
Stadtmuseum Münster
7. Fürstbischof Ferdinand von Bayern, (1577 – 1650, reg. seit 1612), Brustbildnis halbrechts in Kartusche vor Architekturrahmen, Kupferstich von Wolfgang Kilian, signiert und undatiert, um 1618
Pl.: 31,4 x 24,6 cm; Bl.: 39,6 x 30,0 cm
Stadtmuseum Münster
8. Neuss, Kupferstich von Matthäus Merian, unsigniert und undatiert, aus: Topographia Germaniae, Bd. Mainz/Trier/Köln, 1675, S. 89
Pl.: 21,4 x 33,8 cm
Stadtmuseum Münster
9. Düsseldorf, Kupferstich von Matthäus Merian, unsigniert und undatiert, aus: Topographia Germaniae, Bd. Westfalen, 1647, S. 21
Pl.: 20,2 x 32,0 cm
Stadtmuseum Münster

10. Pfalzgraf Wolfgang Wilhelm, Herzog von Neuburg und Jülich – Berg, (1578 – 1653), Brustbildnis halbrechts, Kupferstich von Lucas Vorstermann nach dem Gemälde von Anthonis van Dyck, signiert und undatiert
Pl.: 21,6 cm x 16,7 cm; Bl.: 24,2 x 17,0 cm
Privatbesitz
11. Kaiserswerth, Kupferstich von Matthäus Merian, unsigniert und undatiert, aus: Topographia Germaniae, Bd. Mainz/Trier/Köln, 1675, S. 87
Pl.: 11,2 x 18,5 cm
Stadtmuseum Münster
12. Ruhrort, Kupferstich von Matthäus Merian, unsigniert und undatiert, aus: Topographia Germaniae, Bd. Mainz/Trier/Köln, 1675, S. 61
Pl.: 10,6 x 17,4 cm
Stadtmuseum Münster
13. Orsoy, Kupferstich von Matthäus Merian, unsigniert und undatiert, aus: Topographia Germaniae, Bd. Mainz/Trier/Köln, 1675, S. 89
Pl.: 4,3 x 5,5 cm
Stadtmuseum Münster
14. Prinz Friedrich Heinrich von Oranien, (1584 – 1647), Kupferstich von Pieter de Jode nach dem Gemälde von Anthonis van Dyck, signiert und undatiert
Pl.: 11,4 x 15,8 cm; Bl.: 19,1 x 13,4 cm
Stadtmuseum Münster
15. Rheinberg, Kupferstich von Matthäus Merian, unsigniert und undatiert, aus: Topographia Germaniae, Bd. Mainz/Trier/Köln, 1675, S. 91
Pl.: 13,2 x 17,0 cm
Stadtmuseum Münster
16. Wesel, kolorierter Kupferstich von Franz Hogenberg, unsigniert und undatiert, aus: Civitates Orbis Terrarum, 6 Bde, 1572 – 1618, Bd. I, S. 22
Pl.: 12,4 x 47,5 cm
Privatbesitz
17. Dorsten, Kupferstich von Matthäus Merian, unsigniert und undatiert, aus: Topographiae Germaniae, Bd. Westfalen, 1647, S. 19
Pl.: 28,2 x 30,8 cm
Stadtmuseum Münster
18. Haltern, Kupferstich von Matthäus Merian, unsigniert und undatiert, aus: Topographiae Germaniae, 1647, S. 85
Pl.: 9,4 x 17,7 cm
Stadtmuseum Münster

19. Johann Ludwig, Graf von Nassau-Hadamar, (1590 – 1653), Brustbildnis halblinks, Kupferstich von Pieter Holsteyn, signiert und undatiert, um 1644
Pl.: 21,4 x 13,3 cm; Bl.: 32,5 x 21,3 cm
Stadtmuseum Münster
20. Claude de Mesmes, Comte d' Avaux, (1595 – 1650), Brustbildnis halblinks, Kupferstich von Paulus Pontius nach dem Gemälde von Anselm van Hulle, signiert und 1648 datiert, aus: Pacificatores orbis christiani, 1697 (wie Abb. 1), Bl. 46
Pl.: 31,1 x 19,8 cm; Bl.: 45,8 x 31,0 cm
Stadtmuseum Münster
21. Ansicht der Stadt Münster aus der Vogelschau, Reproduktion einer Radierung (auf 5 Platten verschiedener Größe, insgesamt 113,2 x 106,1 cm mit Originalrahmen), von Everhard Alerdinck, signiert und 1636 datiert, Nachzeichung von 1930
Bl.: 120 x 120 cm
Stadtmuseum Münster
22. Die Wohnung Chigis: das Minoritenkloster, Ausschnitt aus der Vogelschauansicht der Stadt Münster (wie. Abb. 21), Reproduktion einer Radierung von Everhard Alerdinck, signiert und 1636 datiert, Nachzeichnung von 1930
Bl.: 120 x 120 cm
Stadtmuseum Münster
23. Monatsbild Januar vom Kalendarium der münsterischen Domuhr, Öl auf Kupfer, ∅ 14,5 cm, stark restauriert und übermalt, unsigniert (Zuschreibung unsicher, vielleicht Ludger tom Ring d. Ä.)
Photo Stadtmuseum Münster
24. Frauen in münsterischer Tracht, Ausschnitt aus dem Gemälde von Gerhard Ter Borch „Einzug des Gesandten Adriaen Pauw in Münster", Öl auf Leinwand, monogramm. v. Gerhard Ter Borch und dem Monogrammisten G.V.H., Figurenstaffage Ter Borchs um 1646, Landschaft evtl. früher, undatiert
o.R.: 100 x 161,5 cm; m.R.: 125 x 186,3 cm
Stadtmuseum Münster, Schenkung Wilhelm Hüffer an die Stadt Münster (Rom 1895)
25. Frühstücksbild mit Magd hinter einem Fenster, Gemälde von Wolfgang Heimbach, Öl auf Leinwand, signiert und 1670 datiert
o.R.: 69,5 x 84,5 cm
Staatliche Gemäldegalerie Kassel
26. Dr. Bernhard Rottendorff, (1594 – 1671), unsigniert, im Zweiten Weltkrieg zerstört
Photo Stadtarchiv Münster
27. Monatsbild April vom Kalendarium der münsterischen Domuhr, Öl auf Kupfer, ∅ 14,5 cm, stark restauriert und übermalt, unsigniert (Zuschreibung unsicher, vielleicht Ludger tom Ring d. Ä.)
Photo Stadtmuseum Münster
28. Die Wippe am Mauritztor, Ausschnitt aus der Vogelschauansicht der Stadt Münster (wie Abb. 21), Radierung von Everhard Alerdinck, signiert und 1636 datiert, Bl. 120 x 120 cm
Stadtmuseum Münster
29. Westfälische Putten mit Schinken und Bier, Ausschnitt aus der Karte Circuli Westphaliae (vgl. Abb. 2), Kolorierter Kupferstich von Johann Bapist Homann, Nürnberg um 1720, signiert und datiert
Pl.: 58,6 x 50 cm; Bl.: 61,5 x 53 cm
Stadtmuseum Münster

30. Münsterische Frau in Fellkentracht, Gouache, Wenzel Hollar zugeschrieben, unsigniert und undatiert
Bl.: 21,8 x 11,8 cm
Nationalgalerie Prag
31. Frauen in münsterischer Tracht, Ausschnitt aus dem Gemälde von Gerhard Ter Borch „Einzug des Gesandten Adriaen Pauw in Münster“, Öl auf Leinwand, monogramm. v. Gerhard Ter Borch und dem Monogrammisten G.V.H., Figurenstaffage Ter Borchs um 1646, Landschaft evtl. früher, undatiert
o.R.: 100 x 161,5 cm; m.R.: 125 x 186,3 cm
Stadtmuseum Münster, Schenkung Wilhelm Hüffer an die Stadt Münster (Rom 1895)
32. Zwei Frauen mit Fellken, Ausschnitt aus der Stadtansicht Münsters von Carel Allardt (vgl. Abb. 35), Kupferstich aus vier Teilblättern und Platten mit einer Gesamtlänge von 205,6 cm, Blatthöhe 42,2 cm, Amsterdam um 1650, signiert und undatiert
Pl.: 41,1 x 51,4 + 51,1 + 51,6 + 51,5 = 205,6 cm
Stadtmuseum Münster
33. Münsterische Frau in Fellkentracht (Ausschnitt), Gouache, Wenzel Hollar zugeschrieben, unsigniert und undatiert
Bl.: 21,8 x 11,8 cm
Nationalgalerie Prag
34. Der Friedensreiter, Nachdruck eines Flugblattes des Germanischen Nationalmuseums Nürnberg, 1648, unsigniert und datiert, mit Holzschnitt und 96 Alexandrinerversen in drei Textspalten
R.: 64 x 54 cm
Stadtarchiv Münster
35. Stadtansicht Münsters von Carel Allardt, Kupferstich aus vier Teilblättern und Platten mit einer Gesamtlänge von 205,6 cm, Blatthöhe 42,2 cm, Amsterdam um 1650, signiert und undatiert
Pl.: 41,1 x 51,4 + 51,1 + 51,6 + 51,5 = 205,6 cm
Stadtmuseum Münster
36. Kardinal Jules Mazarin, (1602 – 1661), Brustbildnis halbrechts, Kupferstich von Robert Nanteuil nach dem Gemälde von Pierre Mignard, signiert und 1661 datiert
Bl. 35,7 x 27,7 cm; im Plattenrand beschnitten
Stadtmuseum Münster
37. Don Gaspar de Braccamonte y Guzman, Conde de Peñaranda, (1596 – 1676), Brustbildnis halbrechts, Kupferstich von Pieter de Jode nach dem Gemälde von Anselm van Hulle, signiert und 1648 datiert, aus: Pacificatores orbis christiani, 1697 (wie Abb. 1),
Bl. 27, Pl.: 30,7 x 19,8 cm; Bl.: 53,5 x 32,2 cm
Stadtmuseum Münster
38. Fürstbischof Franz Wilhelm Graf von Wartenberg, (1593 – 1661, reg. seit 1625), Kupferstich von Jonas Suyderhoff, unsigniert und undatiert
Pl.: 18,6 x 12,4 cm; Bl.: 28,9 x 18,6 cm
Stadtmuseum Münster

Die Übersetzung der beiden Distichen von Bernhard Rottendorff lautet:
„Hallo Maler, magst Du auch alle Farben ausprobieren,
so wirst Du an die naturgetreue Abbildung
dieses großen Fürsten doch nicht herankommen.
Um es richtiger zu machen, verwende die Verhüllung des Timanthis,
denn diese Sonne kann nur durch eine Wolke erkannt werden.“

Timanthis, ein berühmter Maler der Antike, lebte von der Wende vom 5. zum 4. vorchristlichen Jahrhundert. Auf seinem bekannten Bild „Opferung der Iphigenie“ verhüllte er das Gesicht des Vaters Agamemnon, da er es nicht für möglich hielt, dessen große Trauer bildlich darzustellen. Rottendorff bringt damit zum Ausdruck, daß die Berühmtheit und der Glanz des Fürstbischofs Franz Wilhelm von Wartenberg die Darstellungskraft eines Malers übersteige und es deshalb besser sei, sein Gesicht zu verhüllen.

39. Stadtkommandant Johann von Reumont, (1600 – 1672), Brustbildnis halbrechts, Kupferstich von Pieter de Jode nach dem Gemälde von Anselm van Hulle, um 1650, signiert und undatiert, aus: Pacificatores orbis christiani, 1697 (wie Abb. 1), Bl. 125
Pl.: 31,0 x 20,5 cm; Bl.: 53,5 x 30,8 cm
Stadtmuseum Münster

40. Fürstbischof Christoph Bernhard von Galen, (1606 – 1678, reg. seit 1650), unsigniert und undatiert, aus: Bernhard Rottendorff, Laetitia reduces, Münster 1652
Universitäts- und Landesbibliothek Münster

Die Übersetzung des sechszeiligen Hexameter von Bernhard Rottendorff lautet:

„Hier kannst Du das Gemälde sehn mit jenem Oberhirten,
auf den jetzt überstolz ist die Stadt Münster.
Doch taugt es nichts, und überdies ist um den Rahmen Streit.
Damit Du besser ihn verstehen kannst, fahr’ fort ihn zu verehren.
Dann wirst Du staunen über seiner klugen Rede süßen Fluß,
des Sinnes Ausgewogenheit, den läuterte des Himmels Schwefel.
Kein Maler wird, und wär’s Apelles, je gestalten können
die wahre Schönheit seines Geistes.“
(Übersetzung von Hermann Hugenroth, Münster)

Apelles, der zur Zeit Alexander des Großen im 4. Jahrhundert vor Christus lebte, galt als der größte Maler der Altertums. Die antiken Quellen betonen die außergewöhnliche Schönheit seiner Werke, so daß Rottendorffs Vergleich Glanz und Würde des Fürstbischofs hervorhebt.

41. Mühlheim, Kupferstich von Matthäus Merian, unsigniert und undatiert, aus: Topographia Germaniae, Bd. Westfalen, 1647, S. 86
Pl.: 13,4 x 17,3 cm
Stadtmuseum Münster

42. Jülich, Kupferstich von Matthäus Merian, unsigniert und undatiert, aus: Topographia Germaniae, Bd. Westfalen, 1647, S. 28
Pl.: 24,4 x 31,2 cm
Stadtmuseum Münster

43. Aachen, Kupferstich von Matthäus Merian, unsigniert und undatiert, aus: Topographia Germaniae, Bd. Westfalen, 1647, S. 6
Pl.: 21,6 x 34,4 cm
Stadtmuseum Münster

Umschlag: *Einzug des Gesandten Adriaen Pauw in Münster, Gemälde, Öl auf Leinwand, monogramm. v. Gerhard Ter Borch und dem Monogrammisten G. V. H., Figurenstaffage Ter Borchs um 1646, Landschaft evtl. früher, undatiert*
o.R.: 100 x 161,5 cm; m.R.: 125 x 186,3 cm
Stadtmuseum Münster, Schenkung Wilhelm Hüffer an die Stadt Münster (Rom 1895)

Vorsatzblätter: *Münster um 1650, Gemälde, Öl auf Leinwand (auf Sperrholz aufgezogen), um 1640/60, unsigniert und undatiert*
o. R.: 84 x 245,5 cm
Privatbesitz